國小 數學 六年級
思考與推理

50道生活化趣味化的建構反應題,強化小學生的數學素養及促進學習

五南圖書出版公司 印行

鍾靜 總策劃
鍾靜 胡錦芳 合著

建構反應題的題型引導學童思考與推理

國立臺北教育大學數學暨資訊教育學系教授　鍾靜

　　建構反應題（Constructed Response Item [CRI]）源自國際的大型測驗，包括國際教育成就評量學會的「國際數學與科學成就趨勢調查」（Trends in International Mathematics and Science Study [TIMSS]），以及美國國家教育統計中心的「國家教育進展評測」（National Assessment of Educational Progress [NAEP]），這些測驗除了選擇題外，都以大幅度的**建構反應題**來評量學童的溝通、推理和連結能力，並瞭解他們對數學知能的理解和應用能力。

　　反觀我國各縣市的國小數學基本學力檢測大都以選擇題來進行施測，只有臺北市於96學年度起每年增加6題**建構反應題**抽測六年級學童，自103學年度開始以2題進行普測五年級學童，但110學年度起限於閱卷人力改為1題；新北市自102學年度起每年增加2題**非選題**普測五年級學童，此非選題就是建構反應題，並自106學年度起每年增加6題抽測，以加速掌握學童的學習狀況，雖然從110學年度起輔導團不再負責檢測命題，但仍持續辦理非選題命題工作坊及相關推廣。基隆市數學輔導團有鑑於**建構反應題**比選擇題更能掌握學童的數學學習狀況，從108~110學年度起分別對五、四、三年級抽測10題進行研發，112學年度還研發了一些六年級題目並進行推廣。北、北、基三縣市的基本學力檢測皆重視建構反應題，因它可以評量數學素養，還可促進學習，而且一般的測驗題並不能反映出此種現象。基本學力檢測的**建構反應題**，不以艱深、資優、大型題目為訴求，而以小型且貼近教學內容的親民題為主。

建構反應題的特色與內涵

　　建構反應題是一種由學童自行組織、思考產生答案之試題；它可幫助學童做深層思考，而不是表面思考，其最主要的優點是要求學童去發揮和創造他們的回應，他們要自己設法答題，而不是例行性、機械式的反應答案。傳統的建構反應題，分為填充題、論文題兩類，論文形式的建構反應題能測量複雜的學習成果，特別是應用思考、解決問題，以及組織、統整和寫作表達的能力。論文題又可分為限制反應題、**擴展反應題**（延伸反應題），限制反應題也有人稱簡答題，明確指定學童的主題和反應方式；擴展反應題給予學童自由組織、整合相關知識，並將其呈現出來，可用來評量最高層次的認知能力。

　　學童回答建構反應題，需要有真正的理解，才能建構出基於這種理解的答案；通常一般的選擇題、填充題、計算題和應用題不易反映出這種現象。**擴展式建構反應題**（簡稱建構反應題）是比較有彈性的，能夠用來測量學童在課程目標下的靈活運用程度；評量目的是為瞭解學童數學概念理解情形、解題思考歷程、解題推理能力、解題應用能力、數學表徵能力等，並透過解題表現來確認、提升、延伸、綜合他們的數學知能。

建構題型引導思考與推理

　　建構反應題的內容和題型，鼓勵學童選擇學過有關的知識，根據自己的判斷組織答案，最後合成適當的想法並呈現出來；解題過程同時在訓練學童運用思考、組織統整、表達想法的能力，而這些能力都是學校教育的重要目標。數學素養包括數學的思維、生活的應用兩大成分，數學素養導向的試題可從這兩大成分來設計。貼近學童學習內容的建構反應題，強調數學基本概念或知能，可以充分達成數學素養中「數學的思維」評量，至於「生活的應用」評量則需有適當且自然的真實情境來結合。建構反應題與一般的應用題不同，特別能瞭解學童的解題想法，以及對所

學概念的掌握情形。筆者認為這種評量題型在教學現場最容易入手，而且利用錯誤例、正確或優良例的討論，都能產生增進知能的效果。

學童面對建構反應題，它是較高層次、小型任務的非例行性問題，他們無法透過死記口訣、多次練習來回答，必須經過思考用什麼策略來解題，或是經過推理來判斷題意內容。學童還要寫出解題的想法、作法，或者理由，他們沒有思考能力、推理想法是很難達成數學學習的理想目標。

建構題呈現學童真實表現

建構反應題是一種非例行性，很親民、很可行的評量題，它可以掌握學童「數學的思維」、「生活的應用」狀態。這種題目和傳統紙筆測驗的最大差異，在於特別能看出學童受到例行性問題的模仿解題、死背公式、死記作法等不佳的解題表現。

學童的作答可分為正確解、部分正確、錯誤回答三種狀態。答案正確、理由或說明完整即是**正確例**，學童的表現不是正確就好，而是要去瞭解他們的解題思維是否有待提升？有些正確解並未扣住題目的核心概念，透過多元的正確解題分享，可評析出解題策略較佳的優良解，在歷程中也可促進及提升學童的學習。親師也不能忽略**錯誤例**、**部分正確**的學童，他們的迷思概念、學習困難是否能澄清和修補？補強後能夠鞏固概念，這攸關他們爾後學習的進展。有些學習成就高的學童，面對建構反應題不能答出正確解，可見他們的學習只能做例行性題目；有些學習成就低的學童，反而能答出正確解，甚至是優良解，其實他們的數學概念很不錯，可能平時學習鬆散才造成表現不良。

總之，建構反應題是非例行性的題型，它能評量出學童的真正學習成效，他們需透過思考和推理才能解題，是非常值得使用和推廣的題型。讀者若想進一步認識建構反應題，可參看筆者於113年1月五南圖書出版公司出版的《鍾靜談教與學（二）：數學素養導向評量設計實務》。

從建構反應題落實數學素養和促進學習的評量

國立臺北教育大學數學暨資訊教育學系教授　鍾靜

學童在數學課室學習後的診斷,「正確評量」與「有效使用」兩者缺一不可,前者關注正確的評量目的、清晰的學習目標,以及健全的設計,以蒐集學童的學習表現;後者則是有效的回饋溝通及促進學童的參與。新典範的學童學習後評量應該具備:1.引發高階思維的挑戰性任務、2.同時處理學習過程與學習結果、3.持續性的過程並與教學整合、4.形成性的使用以支持學童學習、5.學習期待可被學童看見、6.學童主動評估自我工作,以及7.同時被用來評量教學與學童學習;評量要真的被用來幫助學童學習,它就必須要做根本的轉變,不僅評量的內容與角色必須被顯著的改善,而且評量資訊的蒐集洞察與使用,必須成為持續學習過程的一部分。從這些評量的內容和方式來分析,顯見親師需要一個簡單可行、容易實施的評量作為;筆者建議可將建構反應題作為較高層次、小型任務,來瞭解學童在數學課室的學習狀況。

建構反應題與數學素養

我國108學年度開始的十二年國教課程,強調要培養學童的核心素養,跟數學領域早已重視的數學素養吻合。筆者分析國內、外數學素養的代表相關文獻,發現不外與「數學的思維」、「生活的應用」有關。十二年國教除了「知能」外,非常強調「態度」的培養,所以數學教材的安排、教學的落實更顯重要。教學中進行**數學素養**的培養,就是以「數學的思維」對應內部連結的深度,以「生活的應用」對

應外部連結的廣度，連結不是數學內容，它是察覺、轉換、溝通、解題、評析的數學過程；教師協助學童適機接觸真實世界和數學問題的關聯外，還需加強培養學童主動探索、討論發表、批判思維的能力。國中基測的時期，僅以選擇題評量學生，教育會考增加了開放式題型，它沒有選項供學童選擇，故簡稱為非選擇題；學童須自己建構解題方法並找出解答，這種題目也可稱為**建構反應題**，增考非選題是要呼應素養導向的評量。國教院也出版國小的素養導向試題研發成果共有兩期，第一期有八類主題39個題組、第二期有六類主題45個題組，每個題組中幾乎都有**建構反應題**。

　　數學課室中的活動、主題、課題、問題、結構、應用或是練習都是數學任務；良好的數學任務要考慮學童的先備知識，在學童的近側發展區，激發學童的好奇心，培養問題解決的能力，並鼓勵多元的解題方式。因此，運用親民地緊扣教材內容、重視瞭解思維的建構反應題，其答案不採用開放、只是偶爾有多解，來瞭解學童的多元解法、展現不同的解題思維，以及解決問題的答題程度。

〈 建構反應題與促進學習 〉

　　學習評量有三種取向：按評量的功能可以區分為學習結果的評量（assessment of learning）、促進學習的評量（assessment for learning）、評量即學習（assessment as learning）等三個面向。學習結果的評量是依據教學目標來評量學童的學習成果，用來評定等第或是提出報告；**促進學習的評量**是在協助教師獲得教學的回饋，據此進一步調整教學，並幫助學童學習；評量即學習是以學童為評量的主體，讓其主動參與評量，並反省、調整自己的學習策略，進而達到更好的學習成效。這三種取向的評量，對於學童的學習都有其價值和貢獻，教師都須認識和瞭解。親師現階段已從教學者為中心的教學，轉為學習者為中心的教學；更須從學習結果的評量，轉為促進學習的評量。

國內的課程與教學專家也大聲疾呼，親師應該要從重視學習結果的評量，轉到重視促進學習的評量。教師在教學過程中，試圖尋求、詮釋某些資料或獲得證據，來瞭解學童現在的學習狀況，掌握他們達到學習目標的差距，這樣的評量就是「促進學習的評量」。親師運用建構反應題來評量學童，能掌握他們的學習狀況，並調整教學來達成學習目標。

建構反應題與學生學習

　　學習評量強調持續與教學整合的過程，教師運用形成性評量以支持學童學習，而且是學習的過程與結果並重；藉由高階思維的挑戰性任務，來協助學童看見學習期待，以及主動評估自我的學習。透過評量與教學的整合，使得形成性評量被重新重視，它可以兼顧小規模總結性評量，但總結性評量無法兼顧形成性評量。進行形成性評量教學活動，促進師生、同儕間的溝通討論，產生了有意義、有思考的學習，這就是高層次數學任務的目的。

　　數學素養包括數學的思維、生活的應用兩大成分，數學素養導向的試題可從這兩大成分來設計。國中會考、研究院研發的建構反應題，都較強調和生活情境連結。若要同時考量學習評量的高層次挑戰性任務、形成性評量等，還有落實數學素養導向、促進學習的評量。本書中的建構反應題，強調數學基本概念或知能，可以充分達成數學素養中「數學的思維」評量，以及配合適當且自然的真實情境來結合「生活的應用」評量。運用建構反應題實施「先評量、後討論」活動，就是將它作為素養導向的評量，透過討論即為素養導向的教學，這整個的過程就是促進學習的形成性評量，可提升學童的學習效果。

　　建構反應題特別能瞭解學童的解題想法，以及對其所學概念的掌握情形。筆者認為這種評量題型，親師很容易入手，而且利用錯誤例、正確或優良例的討論，都能幫助他們學習得更好。

本書使用說明

新北市國小數學輔導團研究員／新北市榮富國小教師　胡錦芳

　　利用質因數分解如何推測密碼？如何從地圖知道自行車環島的距離？披薩買一送一真的划算嗎？這些有趣且與生活相關的議題，如果變成了促進思考與推理的挑戰活動，對六年級學童而言，那是多麼令人著迷的一件事，學數學不再是枯燥無味反覆計算的結果。本書共有50道趣味生活化的建構反應題，學童將每個單元所學的數學知能，用自己的思考模式完成解題，展現溝通、推理、連結的能力，必能落實素養導向評量「數學的思維、生活的應用」的目標。

〈 本書簡介及試題內容 〉

1. 本書試題是六年級相關教材，包含「整數與概數」、「分數與小數」、「關係」、「圖形與空間」、「資料與不確定性」等五個主題，學童學習過後才評量，各版本都適用可參看附錄。教師可在學童學習完該單元的概念後，作為課堂上的動動腦或挑戰題使用，一方面可檢視學童是否已學會該教材，另一方面亦可作為教學調整之用。家長可將這些試題當作課後自主學習單使用，掌握學童每個單元的學習成效和表現能力。

2. 【教授的留言板】是該試題內容相關的教材、教法，或學童學習狀況說明，但說明內容不會有明顯的解題暗示。親師可以根據題目對照現階段教材的學習重點及目標（可參照本書末附錄），清楚瞭解六年級學童在此題的表現是否符合期待。

3. 【學童作答舉隅】包含正確例的多元解題面向，以及部分正確和錯誤例的樣態，他們在作答前不宜參考。作答說明則是依據學童解題過程，瞭解他們的思考入徑，包含正確的解題想法，以及錯誤的迷思解惑，可協助親師瞭解學童在單元內的數學概念是否建立，並可立即的修補。

重視解題思考的歷程，強化察覺關係與推理

六年級學童即將進入形式演繹階段，面對龐雜的情境、數字、算式及圖形，容易在解題的過程產生錯誤，造成學習的低落。如果能幫助他們察覺彼此之間的關係並發現規律，將可簡化問題，避免錯誤的出現。

建構反應題重視解題的歷程，是學童透過組織、評析、思考自行建構答案的試題。本書50道題目與課本例行性的題目不同，它可以反映學童各種數學能力，包括解題思考能力、解題推理能力、情境應用能力、數學表徵能力及概念理解情形等。而一般的選擇題、填充題、計算題和應用題無法反映出這種現象，藉由這些題目的探索，可以擴展學童各項的數學力。

先評量再對話，可促進學童的學習

親師從學童的解題歷程，瞭解學童錯誤的原因及困難，透過提問與對話的過程，強化數學概念。藉由正確例的分享看到多元的解法，也可從優良例中學習較佳的思維或策略，提升並促進他們的學習，親師生攜手為數學的學習共學、共好。

筆者期待本書的出版，能提供親師瞭解素養導向、促進學習的評量，擴展學童數學能力，更愛數學！

目錄 CONTENTS

鍾靜 ▶ 建構反應題的題型引導學童思考與推理　　Ⅲ
鍾靜 ▶ 從建構反應題落實數學素養和促進學習的評量　　Ⅵ
胡錦芳 ▶ 本書使用說明　　Ⅸ

主題一

整數與概數

1. 老師說　　2
2. 腳踏車的密碼鎖　　8
3. 相同口味的點心　　14
4. 祝福牆　　20
5. QQ烏龍茶凍　　26
6. 國旗　　32
7. 刷油漆　　38
8. 哪一個便宜　　44
9. 蛋白質含量　　48
10. 動物最速王　　54
11. 攀登百岳　　60
12. 體重的祕密　　66
13. 拔河比賽人數　　72
14. 火車座位　　78
15. 分攤費用　　84
16. 滷肉飯　　90

主題二

分數與小數

17. 最簡分數不簡單　　98
18. 檸檬紅茶裝幾桶　　104
19. 分裝砂糖　　110
20. 園遊會賣冬瓜茶　　116
21. 準備幾個袋子　　122
22. 做奶酪　　128
23. 大雄哪裡錯了　　134
24. 手機通話費用　　140

主題三

關係

25.	兩種品牌洗衣粉	146
26.	換個方法算算看	150
27.	豆漿和燕麥奶各幾瓶	156
28.	聖誕布置	162
29.	藝術光廊	168
30.	年齡不是問題	174
31.	平均存多少錢	178
32.	婚宴派對	184

主題四

圖形與空間

33.	正確放大了嗎	190
34.	迷你版高塔	196
35.	親子活動路線	200
36.	自行車環島	204
37.	張爺爺的農地	208
38.	量量看有關係唷	214
39.	滾鐵圈	218
40.	生日蛋糕	224
41.	剪紙造型	228
42.	扇形比一比	234
43.	買一送一划算嗎	240
44.	積木的體積	244
45.	底面積的大小	248
46.	貼色紙	254

主題五

資料與不確定性

47. 伙食費相同　　　262
48. 我愛運動　　　266
49. 抽獎活動　　　272
50. 轉轉樂　　　276

附錄一	「整數與概數」各題之評量目標與對應各版本單元內容	280
附錄二	「分數與小數」各題之評量目標與對應各版本單元內容	286
附錄三	「關係」各題之評量目標與對應各版本單元內容	289
附錄四	「圖形與空間」各題之評量目標與對應各版本單元內容	292
附錄五	「資料與不確定性」各題之評量目標與對應各版本單元內容	297

主題一
整數與概數

老師說

六年乙班有25位學生，課堂上正在進行「老師說」的遊戲。小安當老師：「4位同學為一組，4人座號中必須是2個質數和2個合數，且座號合起來的總數是偶數就可以過關。」

邦邦這組的座號是「2號、6號、11號、15號。」

花花這組的座號是「7號、9號、21號、25號。」

邦邦和花花哪一組可以過關？請寫出你的想法。

邦邦和花花哪一組可以過關？

我的想法：

教授的留言板

　　學童學過因數、公因數後，會進一步學習質因數；所以開始認識質數、合數，它們最大區別在於該數的因數只有1和本身，或是還有其他因數。學童對質數、合數的辨別不能只憑記憶定義，每次都要先找因數才能確知；最好要有一些直觀的判斷能力，這種能力可以透過百數表的操作和觀察來建立。親師可提供一張百數表，讓學童瞭解每一個數都有1和本身是它們的因數，學童先確認2是因數後，刪除2的倍數；再確認3是因數後，刪除3的倍數；接著確認5是因數後，刪除5的倍數；接著確認7是因數後，刪除7的倍數；除了質數2、3、5、7外，這些刪除的倍數（≥2）都是合數，剩下來的數11、13、17、19、23、29、31、37、41、43、47、53、59、61、67、71、73、79、83、89、97都是質數，若不記得用2、3、5、7除一除就可確認，100以內的質數共有25個。本題就想評量學童的質數、合數，還有奇數、偶數概念，能否正確的用來解決問題？

主題一：整數與概數

 學童作答舉隅

正確例一

邦邦這組可以過關

2和11是質數，6和15是合數
11和15是奇數，2和6是偶數
所以，奇＋奇＋偶＋偶＝偶數
花花這組9、21、25都是合數，
跟老師說的2個合數的條件不符合

作答說明

學童觀察題目中的兩組座號，發現邦邦這組數字2、11是質數，6、15是合數，並能知道奇、偶數的加法關係，因此判斷邦邦這組的座號都符合條件，可以順利過關。

正確例二

邦邦可以過關

2＋6＋11＋15＝34……偶數
7＋9＋25＋21＝62……偶數
2、7、11只有1和自己2個因數,所以是質數
6、9、15、21、25都有2個以上的因數,所以是合數
花花這組只有1個質數,不能過關。

作答說明

學童將兩組的座號數字各自加起來,得知兩組的總和皆為偶數;接著依據質數和合數的意義,判斷兩組的數字2、7、11為質數,6、9、15、21、25為合數,發現花花這組只有1個質數、3個合數,不符合老師說的2個質數和2個合數的條件。

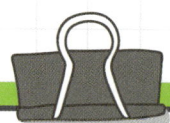

部分正確

邦邦

邦邦這組有2個質數和2個合數。
花花這組有1個質數和3個合數，所以錯了。

作答說明

學童能指出兩組質數與合數的個數，並正確回答邦邦這組過關，但是並未說明哪些數字是質數？哪些是合數？說明理由不夠完整。

回答錯誤一

花花

邦邦這組有2，偶數都是合數，不可能是質數。
7＋9＋21＋25＝62　加起來62是偶數，
所以花花可以過關。

作答說明

學童認為只要是偶數就是合數，錯將2視為合數，未從質數的定義去判斷，2除了1與自己只有2個因數，所以是質數。

回答錯誤二

兩組都可以過關

2＋6＋11＋15＝34……偶數
7＋9＋25＋21＝62……偶數
兩組都是偶數

作答說明

學童僅以「合起來是偶數」的訊息作為判斷的條件，因此錯誤回答兩組都可以過關，忽略了分辨兩組質數與合數的個數也需符合條件，才能順利過關。

腳踏車的密碼鎖

哥哥買了一個密碼鎖（如下圖）綁在腳踏車上，弟弟想要借用腳踏車，但是不知道密碼，哥哥只給了下面部分的訊息讓他自己完成解鎖。

「有一個比60大的二位數，將這個數做質因數分解後是2×2×A×B，完成質因數分解就是密碼。」

弟弟依照提示用「2236」去解鎖但仍然打不開，你覺得應該是什麼數字才能解開鎖呢？請把你的作法寫下來。

你覺得應該是什麼數字才能解開鎖呢？

我的作法：

教授的留言板

　　學童找某數的質因數分解式，首先要熟悉的就是100以內的質數，除2、3、5、7外，再扣除它們的倍數後都是質數，這些質數共有25個；心中有了這些概念，做質因數分解並不是那麼困難。本題要找被質因數分解的數並不大，學童應有合理的推測範圍，再從題意中判斷是哪個數。學童習慣做例行性的一般應用題，從題目的語意來解題；現在碰到非例行性的建構反應題，他們必須自己思考怎麼組織題目中的訊息、用什麼數學概念來解題，這是一種非常有數學素養的問題，他們有機會應該常去做這類型題目會促進學習，並能確認學童的數學學習狀況。

正確例一

密碼是2237

2×2×A×B，A、B可能的數字是質數3、5、7，所以A、B可能是3和5、3和7、5和7。

2×2×3×5、2×2×5×7乘起來的數字是60和140，都不符合條件。

如果A、B都是5或都是7，則數字會成為三位數。

所以A是3，B是7。

2×2×3×7＝84，84符合大於60的條件，所以密碼是「2237」。

作答說明

學童從質因數的分解式推知A和B可能的數字是3、5、7三個質數，並從3和5、3和7、5和7三種組合的模式中發現只有3和7符合所有條件，而4個質因數的乘積是84，因此判斷密碼為2237。

正確例二

數字是2237

2×2＝4，所以二位數是4的倍數，符合條件的二位數是64、68、72、76、80、84、88、92、96。

因為A和B是質數，所以乘起來的倍數可能是3×7＝21，5×5＝25，或5×7＝35，25倍和35倍都會讓這個二位數變成三位數，所以21倍是84。

84＝2×2×3×7

作答說明

學童從題目「大於60的二位數」的訊息中得知此二位數是4的倍數，列出64~96相關的數字共9個；接著知道A、B是質數，此二位數是2個質數乘起來的倍數，排除不符合條件的25倍和35倍，只有21倍符合，因此判斷二位數是84，質因數分解後用乘法表示是2×2×3×7，所以密碼是2237。

部分正確

密碼是2237

A、B是因數也是質數
如果是2235，不可能是答案。
弟弟用2236解不開，所以用2237剛剛好。

作答說明

學童具有質因數的概念，判定A、B是質數，並從「弟弟使用2236數字打不開」的訊息，往前推測2235不可能是答案，因此認為2237是正確數字，但未說明清楚為何2237是正解的理由。

回答錯誤

2235

因為2×2×3×5=60

$$\begin{array}{r|l} 2 & 60 \\ \hline 2 & 30 \\ \hline 3 & 15 \\ \hline & 5 \end{array}$$

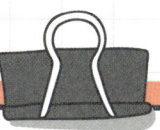

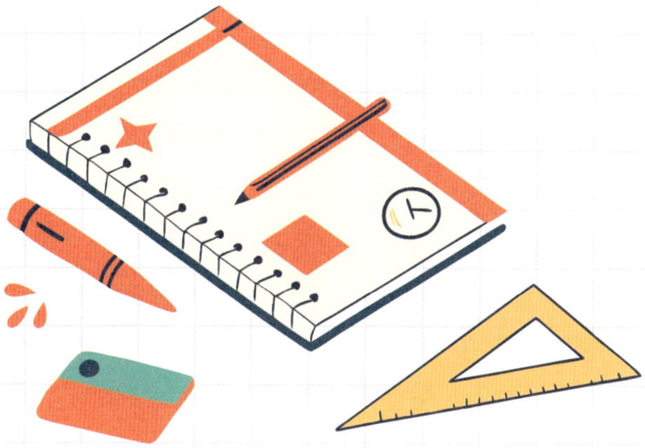

作答說明

學童擷取題目中「60」的數字，將60用短除法作質因數分解，但忽略「比60大」的訊息，因此錯誤判斷2235是解開鎖的密碼。

3 相同口味的點心

達人烘焙坊推出部分商品特價活動（如下表），青青和大美都買了相同的小點心，結帳時青青付了72元，大美付了96元，他們買的是哪一種點心？合起來最少是幾個呢？請說明你的理由。

達人烘焙坊特價商品				
品項	A小餐包	B土司條	C小布丁	D一口酥
價錢	12元	18元	24元	32元

他們買的是哪一種點心？
合起來最少是幾個呢？

我的理由：

教授的留言板

　　學童學習公因數、公倍數，以及最大公因數、最小公倍數，都是先從列舉法開始，再來是質因數分解式，最後是短除法。學童不能只會機械式運算，需要有概念性理解；這三種找公因數、公倍數等方法，它們彼此之間是有關聯外，而且概念也是逐步提升。以找因數為例：12的公因數有1、2、3、4、6、12，它的質因數分解式是12＝2×2×3，從分解式中可看出只有1個質因數的是2、3，有2個質因數相乘的是2×2＝4、2×3＝6，有3個質因數相乘的是2×2×3＝12，這些是因數當然還有1。若是找公因數，例如：12＝2×2×3和18＝2×3×3相同的公因數有一個是2、3，兩個相乘是2×3＝6，當然還有1；對12、18的短除法，除數是2和3，餘數分別是2、3，短除法可同時呈現12＝2×3×2、18＝2×3×3，當然可看到公因數是1、2、3，還有2×3＝6。本題設計在於評量學童有數學知能外，也要能解決生活問題，才能算是具備數學素養能力。

學童作答舉隅

正確例一

C小布丁,合起來最少是7個

18元和32元不是72和96的公因數,所以符合條件是12元和24元,問合起來最少的數量就是找最大公因數24
72÷24＝3,96÷24＝4,3＋4＝7

作答說明

學童先從表格的價錢判斷18和32不是72和96的共同因數,而12和24是公因數,A小餐包和C小布丁都可購買;接著從題目「合起來最少是幾個」的訊息中得知是取最大公因數,因此選擇小布丁24元,青青的錢可買3個,大美的錢可買4個,合起來是7個。

正確例二

C小布丁，最少7個

72和96的最大公因數是
2×2×2×3＝24
3＋4＝7

```
2 | 72  96
2 | 36  48
2 | 18  24
3 |  9  12
     ③  ④
```

作答說明

學童利用短除法找出72和96的最大公因數24，符合價錢的品項是小布丁，再從各自付的錢得知72元可買3個，96元可買4個，合起來是7個。

部分正確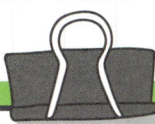

A和C，7個和14個

72÷12＝[6]　　72÷24＝[3]
96÷12＝[8]　　96÷24＝[4]

12和24都是72和96的公因數

作答說明

學童利用除法知道12、24是72和96的共同因數，選擇能整除的品項是A小餐包和C小布丁，並且認為購買的數量是7個和14個，忽略了題意中「合起來最少幾個」的訊息，所以誤寫答案A和C。

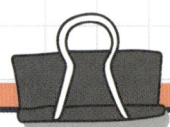

回答錯誤一

D一口酥，9個

題目說最少就是最小公倍數 $2×2×2×3×3×4=288$

最貴的就會最少

$288÷32=9$

```
2 | 72  96
2 | 36  48
2 | 18  24
3 |  9  12
     3   4
```

作答說明

學童不瞭解題意，以關鍵字進行解題，誤認為題目中「最少」的用語是求解最小公倍數，利用短除法算出最小公倍數288元，且知道價錢越高購買的個數越少，因此選擇品項中單價最高的32元一口酥，錯誤回答為9個。

回答錯誤二

D一口酥，5個

買最少就是最貴的
72÷32＝2…8
96÷32＝3
3＋2＝5

作答說明

學童受題目訊息「合起來最少是幾個」的影響，誤認為單價最高買的個數就會最少，因此選擇32元的一口酥，直接用付的錢做除法運算，得到的個數是5個，因此回答錯誤。

4 祝福牆

大信的數學作業有一道題目:「慶祝教師節，甲班學生用長24公分、寬36公分的長方形卡片拼成一面最小的正方形祝福牆，祝福牆的邊長是多少公分？」下面是大信的作法：

```
2 | 24  36
  2 | 12  18
    3 |  6   9
         2   3
```

$2 \times 2 \times 3 = 12$

答：祝福牆的邊長是12公分

你認為大信的作法正確嗎？請說明你的理由。

| 你認為<u>大信的作法正確</u><u>嗎</u>？ | 我的理由： |

教授的留言板

　　學童學過用列舉法、質因數分解式、短除法找公因數、最大公因數，以及公倍數、最小公倍數，當然較簡捷的方法是短除法。若從解題觀點來看，連國際級數學評量都不會限制作法，只要能正確解題就可。若學童用列舉法、質因數分解式求解不能算錯，不過要跟國中的學習銜接，還是要從列舉法理解質因數分解式，從質因數分解式理解短除法。學童除了會找公因數、最大公因數、公倍數、最小公倍數外，重要的是能從題意中判斷到底要求什麼？這樣才能瞭解他們對公因數、公倍數等概念是否正確？本題的評量目標就在從短除法，找到題目中要解決的問題。

學童作答舉隅

正確例一

不正確

12是最大公因數

應該算最小公倍數：2×2×3×2×3=72

祝福牆的邊長應該是72公分

```
2 | 24  36
2 | 12  18
3 |  6   9
     2   3
```

作答說明

學童能指出大信的作法是算最大公因數12，題目要求是用長方形卡片拼成最小的正方形祝福牆，所以要算24和36共同的倍數，而且是最小公倍數，答案是72公分才對。

正確例二

大信做錯了,應該是72公分

長方形的卡片長邊是36公分,寬邊是24公分
用畫圖就知道,長邊貼2張,寬邊貼3張就是正方形
24和36最小的公倍數是72

	36	36
24		
24		
24		

作答說明

學童用畫圖的方式說明只要長邊貼2張,寬邊貼3張就可以拼成正方形的祝福牆,24和36最小的公倍數是72,所以祝福牆的最小邊長是72公分,不是12公分。

正確例三

大信的作法不正確，是72公分

正方形的邊長相等
所以要找出24公分和36公分排出的相同邊長
24的倍數是24、48、72、96
36的倍數是36、72、108
題目說最小的正方形，所以是最小的公倍數72

作答說明

學童知道正方形祝福牆的邊長等長，所以要找出24和36的公倍數，先用列舉法列出24和36的倍數，再依照題目訊息「拼成最小的正方形」所要求的條件，找出最小公倍數是72。

部分正確

不正確

因為題目有說最小
最小就是算最小公倍數
$2×2×3×2×3=72$

```
2 | 24  36
2 | 12  18
3 |  6   9
      2   3
```

作答說明

學童認為題目中出現「最小」的用語，就是算最小公倍數，雖然作法及答案正確，但是僅以關鍵詞作為解題依據，無法得知是否真正理解最小公倍數相關的解題活動。

回答錯誤

大信是對的

$2 \times 2 \times 3 = 12$

我的作法和大信一樣

```
2 | 24  36
2 | 12  18
3 |  6   9
      2   3
```

作答說明

認為大信的作法和自己相同，因此將大信的作法重新寫一次。學童雖然能用短除法找出兩數的最大公因數，但是對於相關的情境問題卻無法真正的理解，不知在何種情境下是求算最大公因數，何者是算最小公倍數，甚至憑藉關鍵字解題而造成解題失敗。

主題一：整數與概數

5 QQ烏龍茶凍

媽媽用1份的茶凍粉，6份的烏龍茶調配出來的茶凍又Q又好吃，丁丁和妹妹也想要做出相同口感的茶凍，下表是他們使用的材料和分量：

材料＼人員	丁丁	妹妹
茶凍粉	160公克	80公克
烏龍茶	800毫升	480毫升

哪一個人做出來的茶凍口感是正確的？請寫出你的理由。

哪一個人做出來的茶凍口感是正確的?

我的理由:

教授的留言板

　　學童對比例問題的學習是從「比」開始,比是表示兩個數量間的關係,它們可能是同類量,也可能是異類量;他們是首次認識新符號「:」,學習將兩量關係寫在一起。學童對「比」認識後,進一步會將需要一樣的兩個比用等號來關聯,稱為相等的比;反之,他們也可從相等的比來推算,相等的比會牽涉到兩組倍數關係,這是比例思考的基礎。當學童認識比、相等的比後,可以用此概念來解決生活中相關的問題;本題就是在評量他們能否掌握相等的比概念?並能解決比的應用問題。本題重在學童比的觀念評量,設計的數字是很容易探討,希望他們有多元解法的思維,除了自己的解法,還能看懂別人的解法。

學童作答舉隅

正確例一

妹妹正確

茶凍　1 : 6　　　　　　　　　　茶凍　1 : 6
　　　↓　↓　6×160=960　　　　　　↓　↓　6×80=480
丁丁　160 : 800　　　　　　　妹妹　80 : 480

160：800和1：6不是相等的比
丁丁的烏龍茶6份應該是960，不是800。

作答說明

學童利用相等的比，發現丁丁的茶凍粉是160公克時，烏龍茶800毫升不是6份的量，而是5份的量；妹妹的茶凍粉80公克時，6份的烏龍茶是480毫升，所以判斷妹妹調配的分量是正確的。

正確例二

妹妹

材料＼人員	丁丁	妹妹
茶凍粉	160公克	160公克
烏龍茶	800毫升	960毫升

我把2人的茶凍粉變成160公克，妹妹的茶凍粉是原來80公克的2倍，烏龍茶480毫升的2倍是960毫升。

丁丁的烏龍茶不是960毫升而是800毫升，所以丁丁錯了。

作答說明

學童將妹妹的茶凍粉換成與丁丁相同的重量進行比較，160公克的茶凍粉和烏龍茶都是原來的2倍，算出烏龍茶是960毫升，因此判斷丁丁所使用的800毫升的烏龍茶是錯的。

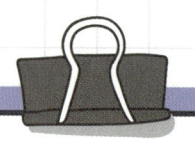

正確例三

　　　　妹妹　　丁丁
茶凍粉　80　：　160＝1：2
烏龍茶480　：　800＝1：1.6
480×2＝960
2人茶凍粉和烏龍茶的比不一樣，一定有一人不對
丁丁的茶凍粉是妹妹的2倍，但是烏龍茶800不是480的2倍，2倍應該是960才對。

作答說明

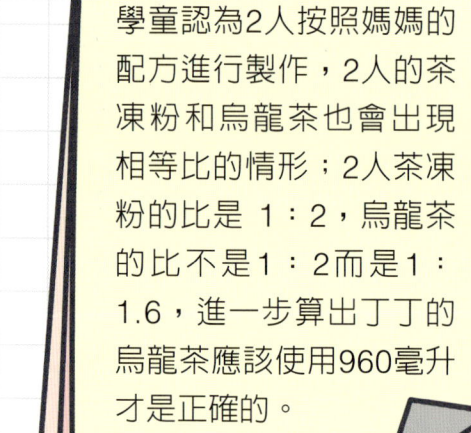

學童認為2人按照媽媽的配方進行製作，2人的茶凍粉和烏龍茶也會出現相等比的情形；2人茶凍粉的比是 1：2，烏龍茶的比不是1：2而是1：1.6，進一步算出丁丁的烏龍茶應該使用960毫升才是正確的。

> 作答說明

學童算出丁丁的烏龍茶與茶凍粉關係，是5份不是6份，判定丁丁使用的分量有錯，不是按照1：6配方做茶凍；雖正確回答是妹妹，但是並未說明妹妹為何是正確的，也許受題目「哪一個是正確的」語意影響，就認為丁丁錯了，正確的一定是妹妹，而未檢視妹妹的分量是否也有錯誤，說明理由不完整。

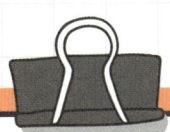

> 部分正確

妹妹

$800 \div 160 = 5$
丁丁使用的是1：5，
不是按照1：6配方做茶凍

> 作答說明

學童學過相等比的表徵，但是不理解相等比的意義，誤用等號表示2個比相等，未察覺2個比的關係不相等，也無法檢視2人配方的量是否呈現相同倍數關係，因此錯誤判斷2人都是正確的。

> 回答錯誤

2人都對了

他們的比相等，
因為160：800＝80：480

6 國旗

小瓜和妹妹在奧運轉播比賽中看到許多的國旗，各個國家的國旗大小都不同，妹妹感到好奇，上網蒐集相關的資料。下面是他查詢3個國家國旗並記錄的資料：

國旗	國家	長寬比例
	臺灣	2：3
	迦納	0.4：0.6
	法國	$\frac{8}{12}$：1

小瓜看完資料後說：「這些國旗長寬的最簡整數比都相同。」

你同意小瓜的說法嗎？請說明你的理由。

你同意小瓜的說法嗎？

我的理由：

教授的留言板

　　學童學習比的表徵，從整數比開始，同時配合情境用分數、小數來表示；他們也會學習將分數比、小數比轉換成整數比，再來確認這些比的關係。學童要有很正確的分數、小數、整數之間的轉換概念，通常他們會轉換成整數來比較，用整數來判斷會容易很多。當然學童進一步會認識最簡整數比，不論哪種形式的比都可找到它；藉由這些最簡整數比，一定能判斷出題目中的問題。若兩個比是相等的比，它們的最簡整數比也會一樣，反之亦然。本題的評量目標在瞭解學童對「相等的比」概念掌握狀況，能否正確用它解決生活情境的問題？

學童作答舉隅

正確例一

同意小瓜的說法

臺灣　$2:3$

迦納　$0.4:0.6=4:6=2:3$

法國　$\frac{8}{12}:1=8:12=2:3$

3個最簡整數比都一樣

作答說明

學童將小數與分數的比換成整數比，再求算最簡整數比，發現三面國旗長寬的最簡整數比都是2：3，認為小瓜的說法是正確的。對於分數和小數的比如何轉換成最簡整數比的概念，已非常清楚。

正確例二

同意

2：3＝8：12

$\frac{8}{12}$：1＝8：12

0.4：0.6＝4：6＝8：12

他們的比都可換成相等的比8：12，所以最簡整數比也會相同。

作答說明

學童將這些國旗長寬的分數、小數比都換成相等的整數比8：12，知道比相同，最簡整數比也會相同，所以同意小瓜的說法。

回答錯誤一

不同意

$0.4:0.6=4:6$

$\frac{8}{12}:1=8:12$

2：3、4：6和8：12都是整數，但是比不同

作答說明

學童知道要將分數與小數比換成整數比，但是不清楚最簡整數比的意思，誤以為只要比是整數就是最後的結果，忽略比的前項與後項其整數要互質才是最簡整數比，對於最簡整數比的意義還需再澄清。

回答錯誤二

不同意

2：3和0.4：0.6不同，和$\frac{8}{12}$：1也不同。

有分數和小數，比不可能相同，小瓜錯了。

作答說明

學童直觀從3個比的樣態做比較，認為3個比有整數、分數和小數都不一樣，最簡整數比不可能相同，對於最簡整數比的意義不瞭解，無法將分數與小數比換成整數比，也無法判斷最簡整數比的正確性。

7 刷油漆

大寶將他的房間重新粉刷，油漆顏色的比例是1毫升的藍漆加入40毫升的白漆，他買了一桶6公升的白漆，並用100毫升的量杯作為調配的工具。

大寶說：「我只要倒入2杯藍漆就夠了。」

你認為大寶的說法正確嗎？請寫出你的理由。

你認為<u>大寶</u>的說法正確嗎？

我的理由：

教授的留言板

　　學童學過比、相等的比之後，接著會學習「比值」概念；它是指在相等比的概念下，將比的後項變成1，其前項即是比值，例如：$a:b = \frac{a}{b}:1$，$\frac{a}{b}$ 就是比值。比值概念的產生是想對相關的比進行比較，例如：同類紅茶飲的甜度，它們需要有一樣的比較基礎，如：a表示糖分、b表示紅茶水，$\frac{a}{b} = \frac{3}{7}$ 或 $\frac{a}{b} = \frac{2}{7}$，因 $\frac{3}{7} > \frac{2}{7}$，所以前者的甜度比較高。當學童能理解比值的概念和操作後，親師才能引導他們察覺比值和前項、後項的關係，發現比值＝前項÷後項。親師不宜直接告知這計算規則，需要讓學童瞭解比值的概念，以及認識它存在的意義。本題就在評量學童相等的比、比值的概念，他們能否用這些概念來解決生活中的問題？

主題一：整數與概數

學童作答舉隅

正確例一

不正確

$1 : 40 = \frac{1}{40} : 1$

$200 : 6000 = \frac{1}{30} : 1$

比值不同，所以2杯的藍漆是錯的

作答說明

學童利用比值相同時，比也會相同的概念進行比較，發現大寶調配的比值$\frac{1}{30}$，與原本調配顏色的比值$\frac{1}{40}$不同，因此認為倒入的200毫升藍漆是錯的。

正確例二

大寶錯了

1：40 = ☐：6000
6000÷40 = 150
☐ = 150
200 > 150
藍漆太多了

作答說明

學童利用相等的比，找出6公升的白漆只要倒入150毫升的藍漆就夠了，200毫升太多了，所以大寶說2杯是錯的。

正確例三

大寶錯了

1：40 = 200：☐
☐ = 8000
8000毫升 = 8公升
6公升 < 8公升

作答說明

學童利用相等的比，算出200毫升的藍漆需要8公升的白漆，調配出來的顏色才會正確，大寶只用了6公升的白漆是錯的。

部分正確

大寶說錯了

1：40 = 200：☐

☐ = 8000

應該要8000

作答說明

學童雖然正確回答大寶說錯了，並且利用相等的比，算出答案8000，卻忽略單位來解題，並未說明8000的單位是毫升還是公升，說明理由還需再清楚完整。

回答錯誤

大寶說對了

$1 \div 40 = \frac{1}{40}$

$200 \div 6000 = \frac{1}{30}$

$\frac{1}{30} < \frac{1}{40}$ 只要比 $\frac{1}{40}$ 小的都可以

作答說明

學童算出比值後進行比較，認為只要比值小於 $\frac{1}{40}$ 的分數都可以，卻不知分子相同時，分母越小則分數越大，所以 $\frac{1}{30} > \frac{1}{40}$，且比值相等，顏色才會符合，對於比例相關的解題不瞭解。

主題一：整數與概數

8 哪一個便宜

楊阿姨想要購買炒菜用的芥花油，大賣場有三款品質都不錯的商品，商品的價錢及容量如下：

甲品牌：3L，售價324元。

乙品牌：0.6L，售價108元。

丙品牌：5L，售價480元。

楊阿姨應該選哪一個品牌的芥花油最便宜？
請說明你的理由。

楊阿姨應該選哪一個品牌的芥花油最便宜？

我的理由：

教授的留言板

　　學童想瞭解購買哪個品牌的商品較划算，通常是在商品品質都不錯或差不多的條件下，再比較單位價格（簡稱單價）來判斷，這單位在生活上通常是每100克、每100毫升、……。在數學解題上，可以用商品的「價格÷數量」算單價，也可以「數量÷價格」算每一元能買多少，再進行比較。若利用比值來解題，將後項定為數量，比值就是單價；將後項定為價格，比值就是每一元可買多少數量。學童觀念清楚，解題的想法就會靈活、多元，也可以掌握比值和單價、比值和每一元可購買數量，來進行比較。本題的評量目標是比值的應用，想瞭解學童能否用比值和單價概念，來解決生活中相關的問題？

學童作答舉隅

正確例一

丙品牌

324：3＝108：1
108：0.6＝180：1
480：5＝96：1
96＜108＜180

作答說明

學童利用比值算出1公升芥花油的價錢，再進行比較，發現乙品牌的價錢180元最高，其次是甲品牌的108元，最便宜的是丙品牌96元。

正確例二

丙品牌

3：324＝30：3240
0.6：108＝30：5400
5：480＝30：2880
5400＞3240＞2880

作答說明

學童利用相等的比進行比較，找出0.6、3、5的最小公倍數30，將芥花油都以30公升為參考依據，再進行價錢的比較，得知丙品牌的2880元最便宜。

部分正確

乙品牌

$3：324 = \frac{3}{324}：1 = \frac{1}{108}：1$

$0.6：108 = \frac{6}{1080}：1 = \frac{1}{180}：1$

$5：480 = \frac{5}{480}：1 = \frac{1}{96}：1$

$\frac{1}{96} > \frac{1}{108} > \frac{1}{180}$

作答說明

學童利用比值算出1元可買多少公升的油量，再進行比較，作法正確、概念清楚，但是回答何者最便宜時，卻錯誤回答乙品牌。

回答錯誤

乙品牌

$3 \div 324 = \frac{1}{108}$

$0.6 \div 108 = \frac{1}{180}$

$5 \div 480 = \frac{1}{96}$

$\frac{1}{180} > \frac{1}{108} > \frac{1}{96}$

作答說明

學童利用前項除以後項的方式，算出1元可買多少公升油量的比值，再進行比較；但受整數大小的影響，進行分數大小比較時，誤以為分母越大該分數就越大，忽略了分子相同時，分母越大則分數越小，因此錯誤回答乙品牌最便宜。

9 蛋白質含量

蛋白質是人體每天必須補充的營養素，衛福部建議12歲以上至18歲青少年的每日蛋白質攝取量為體重的1.1~1.3倍。媽媽到超市買了三樣食品，食品的營養標示如下：

豆腐

營養標示	
每一分量150公克 本包裝含 2份	
每50公克	
熱量	96.0大卡
蛋白質	4公克
脂肪	5.0公克
飽和脂肪	1.3公克
反式脂肪	0公克
碳水化合物	6.4公克
糖	0.5公克
鈉	213毫克

毛豆

營養標示	
每一分量50公克 本包裝含 8份	
每100公克	
熱量	142.7大卡
蛋白質	14公克
脂肪	5.1公克
飽和脂肪	0.7公克
反式脂肪	0公克
碳水化合物	12.7公克
糖	4.2公克
鈉	288毫克

蝦酥

營養標示	
每一分量25公克 本包裝含 1份	
每25公克	
熱量	488大卡
蛋白質	11公克
脂肪	27.6公克
飽和脂肪	12.8公克
反式脂肪	0公克
碳水化合物	8.8公克
糖	2公克
鈉	1192毫克

在相同重量時，請將三樣食品的蛋白質含量由高至低排列出來，並說明你的理由。

在相同重量時，請將三樣食品的蛋白質含量由高至低依序排列出來。

我的理由：

教授的留言板

　　學童應該常有陪家人去超市或便利商店買東西的機會，如果買的是食品，就會附有營養標示。不過他們會去看這標示的並不多，可能有一些成年人會習慣去看，例如：糖分、鹽分……。藉由本建構反應題的評量，讓學童必須去認識它，這是很不錯的機會教育；從這些生活中對身體健康的重要訊息，可以結合數學概念，找到適合自己需要或想要的食品。這些營養標示的內容大致相同，但細看才會發現成分的參考基準有差異；學童除了要看懂題目的內容外，還要能掌握問題的重要訊息，並思考可以怎麼進行解題。本題的設計是在非常豐富的生活情境中，瞭解學童的比和比值概念，能否應用它解決蛋白質含量問題？

主題一：整數與概數

學童作答舉隅

正確例一

蝦酥＞毛豆＞豆腐

我算1公克的蛋白質

豆腐 $4 \div 50 = \dfrac{4}{50}$

毛豆 $14 \div 100 = \dfrac{14}{100} = \dfrac{7}{50}$

蝦酥 $11 \div 25 = \dfrac{11}{25} = \dfrac{22}{50}$

$\dfrac{22}{50} > \dfrac{7}{50} > \dfrac{4}{50}$

作答說明

學童利用比值算出每1公克食物的蛋白質含量，再進行比較，發現蝦酥的蛋白質含量最高，其次是毛豆，最低的是豆腐。

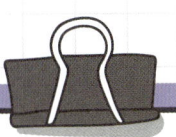

正確例二

蝦酥＞毛豆＞豆腐

我把所有的都變成100公克再比較
蝦酥　25：11＝100：44
毛豆100：14＝100：14
豆腐　50：　4＝100：　8
44＞14＞8

作答說明

學童利用相同的比，將三樣食品的重量以100公克為單位再進行比較，蝦酥蛋白質含量是44公克，毛豆蛋白質含量是14公克，豆腐的蛋白質含量是8公克，因此三樣食品的蛋白質含量由高至低是蝦酥＞毛豆＞豆腐。

回答錯誤一

豆腐＞蝦酥＞毛豆

50：4＝150：12
100：14＝50：7
25：11＝25：11
12＞11＞7

作答說明

學童用比的方式呈現食物重量與蛋白質含量的關係，但是直接將食品每一份重量與每50公克、每100公克、每25公克所含蛋白質量作比較，因此錯誤回答三樣食品的蛋白質含量由高至低是豆腐＞蝦酥＞毛豆。

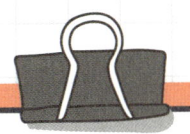

回答錯誤二

毛豆＞蝦酥＞豆腐

因為14＞11＞4

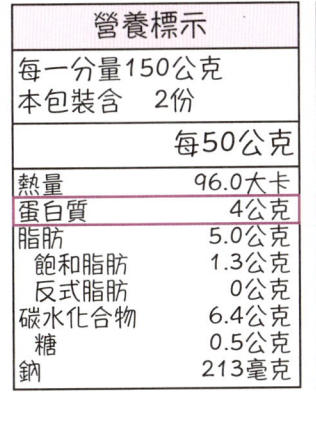

豆腐

營養標示	
每一分量150公克 本包裝含　2份	
每50公克	
熱量	96.0大卡
蛋白質	4公克
脂肪	5.0公克
飽和脂肪	1.3公克
反式脂肪	0公克
碳水化合物	6.4公克
糖	0.5公克
鈉	213毫克

毛豆

營養標示	
每一分量50公克 本包裝含　8份	
每100公克	
熱量	142.7大卡
蛋白質	14公克
脂肪	5.1公克
飽和脂肪	0.7公克
反式脂肪	0公克
碳水化合物	12.7公克
糖	4.2公克
鈉	288毫克

蝦酥

營養標示	
每一分量25公克 本包裝含　1份	
每25公克	
熱量	488大卡
蛋白質	11公克
脂肪	27.6公克
飽和脂肪	12.8公克
反式脂肪	0公克
碳水化合物	8.8公克
糖	2公克
鈉	1192毫克

作答說明

學童無法從題目理解食物重量與蛋白質含量的關係，直接報讀蛋白質的公克數進行比較，錯誤回答毛豆的蛋白質含量最高。

10 動物最速王

阿德知道獵豹是陸地上跑得最快的動物,他想知道是否還有其他動物的速度比獵豹快,因此從陸、海、空找到了三種動物的速率,整理成下表:

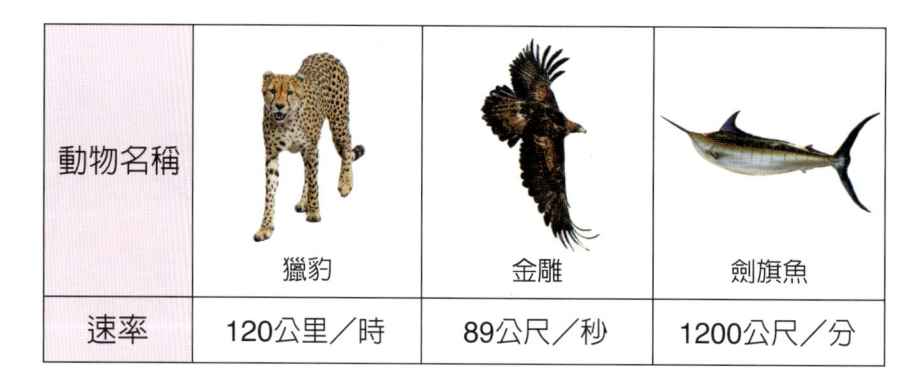

動物名稱	獵豹	金雕	劍旗魚
速率	120公里／時	89公尺／秒	1200公尺／分

比比看,哪一種動物速度最快?依快慢排列出來,並說明你的想法。

比比看,哪一種動物速度最快?依快慢排列出來。

我的想法:

教授的留言板

　　學童對速率的認識,先從同距離比時間、同時間比距離開始,再從每單位時間的移動距離來比較,這就是一般所稱的時速、分速、秒速,這些速率本身就有平均速率的概念;若有兩段的速率要求計算平均速率,也必須用總距離除以總時間,例如:健行從山底到山頂的距離是6公里,上山的速率是2公里/時、下山的速率是3公里/時,請問平均時速是多少?這題上山用了3小時、下山用了2小時,所以平均時速是2.4公里,不是2.5公里。學童對速率的換算,會碰到公里、公尺、公分,還有時、分、秒的換算,他們必須先想一下單位之間的關係,再進行換算,不要冒然去處理;本題就在評量學童的時速、分速、秒速之間的換算和比較。

主題一:整數與概數

學童作答舉隅

正確例一

金雕、獵豹、劍旗魚

獵豹：120公里／時 → 2公里／分
金雕：89≈90　90公尺／秒 → 5.4公里／分
劍旗魚：1200公尺／分 → 1.2公里／分
5.4公里＞2公里＞1.2公里
時間都是1分鐘，誰的距離越遠就是越快

作答說明

學童將所有的速率都換成分速後再進行比較，在相同時間下比較距離，距離越遠表示速度越快，因此最快的是金雕，其次是獵豹，最慢的是劍旗魚。

正確例二

金雕、獵豹、劍旗魚

　　　　　　距離　：時間
獵豹　　 120公里 ：60分
劍旗魚　1.2公里 ：　1分 ＝ 120公里 ：100分
金雕　　5.4公里 ：　1分 ＝ 162公里 ：30分 ＝ 324公里 ：60分

距離都一樣，花的時間越少就越快

作答說明

學童利用比的方式將距離固定為120公里，先比較獵豹和劍旗魚所需的時間，得知獵豹的時間較少。接著從相同的60分鐘比較獵豹和金雕的距離，發現金雕的距離較長，因此判斷金雕是三種動物中速度最快的。

部分正確

金雕、劍旗魚、獵豹

120公里＝120000公尺　120000÷3600＝33.333
1.2公里＝1200公尺　1200÷60＝20
89＞33＞20
花的時間一樣，距離越遠就是越快

作答說明

學童將所有的速率都換成秒速再進行比較，計算過程正確，但回答快慢時卻誤寫答案劍旗魚比獵豹快。

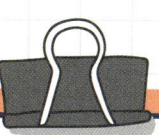

回答錯誤一

金雕＞劍旗魚＞獵豹

89公尺／秒
1200÷60＝20
120÷60＝2
89＞20＞2

作答說明

學童將所有的速率都換成秒速再進行比較，但是忽略了獵豹是從時速換成秒速需除以3600而非60，且計算出的數字2，單位應是公里並非2公尺，因此錯誤回答劍旗魚的速度比獵豹快。

回答錯誤二

劍旗魚＞獵豹＞金雕

1200公尺／分＞120公里／時＞89公尺／秒
劍旗魚的速度最快

作答說明

學童直觀從數字的大小做判斷，忽略了時間和距離的單位不同，需換算成同單位後再進行比較。

11 攀登百岳

雪山主峰（高3886m）是臺灣第二高峰，小庭和家人一起挑戰登頂，規劃的路線如下：

```
登山口 ──4km── 哭坡觀景臺 ──3.5km── 369山屋 ──4km── 雪山主峰 3886m
```

早上8：00從登山口出發，13：00在哭坡休息用餐，13：30離開哭坡；小庭用速率0.7公里／時前進，預計在18：00趕上山屋的晚餐。

小庭是否能趕上呢？請說明你的想法。

小庭是否能趕上山屋的晚餐呢？

我的想法：

教授的留言板

　　學童計算速率問題，要能算出時間（量）和距離才能求算，有時題目提供距離、有時提供時間（量）；通常，題目會出現距離，以及開始和結束的時刻。學童面對兩時刻之間求時間（量）的問題，首先要知道時間（量）才能計算，時刻是不能相加、減的；雖然用口訣「時刻－時刻＝時間（量）」恰巧能算出答案，但會讓他們產生錯誤概念，也以為只要機械式背口訣就能解題。親師應引導學童知道時刻和時間（量）的關係，例如：上午10時是從0時經過10小時，下午3時是從0時經過15小時，兩個時間（量）相減是5小時；學童的解題列式是15－10＝5，心中需要有時刻轉換時間（量）的概念。本題的命題設計，從時間、距離、速率可以有多元解題，藉此想瞭解學童的解題思維，親師可在他們解題後，再共同欣賞他人的解法。

學童作答舉隅

正確例一

趕不上

18－13.5＝4.5

小庭的速率0.7公里／時，哭坡到山屋的距離是3.5公里，

3.5÷0.7＝5　　5＞4.5

作答說明

學童以所花費的時間進行比較，哭坡到山屋的距離是3.5公里，小庭的時速0.7公里，算出所需的時間是5小時，比預計的4.5小時還多，因此趕不上晚餐時間。

正確例二

趕不上

18時－13時30分＝4.5時
3.5÷4.5＝0.778≈0.78
0.78 公里／時＞0.7公里／時

作答說明

學童以速率進行比較，距離3.5公里，所花的時間4.5小時，算出時速應為0.78公里，小庭的時速是0.7公里，因此判斷趕不上。

正確例三

趕不上

距離：時間
0.7 ： 1 ＝ 3.5 ： 5
18－13.5＝4.5　　5＞4.5

作答說明

學童用比的方式呈現距離和時間的關係，發現到山屋所需的時間是5小時，比預計的4.5小時多，所以趕不上。

部分正確

趕得上

18－13.5＝4.5
1小時0.7公里，5小時就是3.5公里
5＞4.5

作答說明

學童從小庭的速率推算到山屋所需的時間是5小時，但是忽略了時間花得越少才能趕得上，誤植答案為趕得上。

作答說明

學童比較兩段的距離和時間，認為距離長花的時間長，而到山屋的距離比較近，花的時間也比較短，誤以為趕得上，忽略了速率、距離與時間三者的關係。

回答錯誤

趕得上

13－8＝5

18時－13時30分＝4時30分

4公里＞3.5公里

5小時＞4小時30分

登山口 — 4km — 哭坡觀景臺 — 3.5km — 369山屋 — 4km — 雪山主峰 3886m

登山口 ⟶ 369山屋：5小時（虛線）

哭坡觀景臺 ⟶ 369山屋：4小時30分

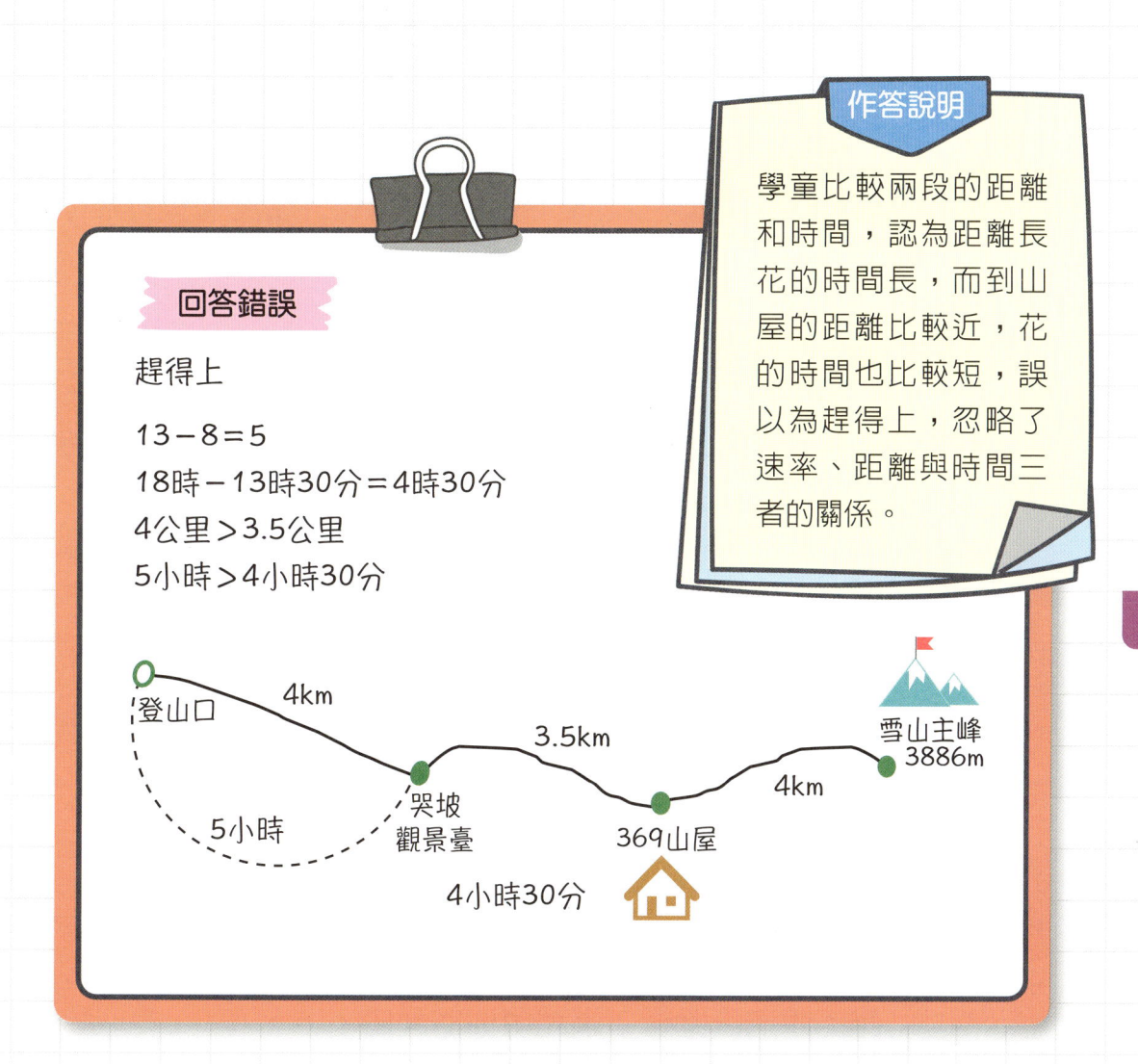

主題一：整數與概數

12 體重的祕密

　　開學時每位同學都要測量身高、體重，小凱的體重是50公斤、阿傑的體重是70公斤，下面是他們2人對體重關係的描述：

　　阿傑：「小凱的體重是我的1.4倍，我是基準量。」

　　小凱：「我的體重是阿傑的 $\frac{5}{7}$ 倍，我是比較量。」

　　誰的說法正確呢？請說明你的理由。

誰的說法正確呢？

我的理由：

教授的留言板

　　學童從基本乘法問題開始，就認識「幾的幾倍」語意，接著是在乘法直式算則中，運用有幾個一、幾個十、幾個百、……的「幾倍」來求解，還有分數乘法中「分數倍」語意；他們在學過比的問題後，認識了兩量關係、相等比的概念，進一步就是學習基準量、比較量的相關問題。學童對「甲比乙」，甲是比較量、乙是基準量，同時產生了「甲是乙的幾倍」語意；相對的，他們應該也知道「乙是甲的幾倍」時，乙是比較量、甲是基準量。若學童未能掌握基準量、比較量的概念，他們一定無法弄清楚這些數量之間的關係和名稱；本題就在評量學童對這些相關概念的掌握程度，能否解決題目中提出的問題？

學童作答舉隅

正確例一

小凱正確

　　　　　　　　　　×

凱：傑　　　　　　　傑：凱

$50:70 = \boxed{\dfrac{5}{7}}:1$　　　$70:50 = \dfrac{7}{5}:1 = \boxed{1.4}:1$

把阿傑當作基準量1，小凱的體重是阿傑的 $\dfrac{5}{7}$ 倍。

作答說明

學童利用比的方式呈現2人體重關係，並將後項當作基準1時，前項就是比較量，觀察互為基準時的倍數，判斷小凱的敘述正確。

正確例二

小凱正確

阿傑 |—|—|—|—|—|—|—| 70

小凱 |—|—|—|—|—| 50

$70 \div 50 = 1.4$

小凱是1時，阿傑的體重是小凱的1.4倍（$\frac{7}{5}$）。

阿傑是1時，小凱的體重是阿傑的$\frac{5}{7}$倍。

作答說明

學童利用線段圖察覺2人體重的關係，且知道基準可互換，比較時同時將2人都視作1（基準量），再進行比較，發現另一人的體重是比較量，且倍數只有小凱的$\frac{5}{7}$倍符合，因此判斷小凱的說法正確。

回答錯誤一

阿傑正確

$70 \div 50 = 1.4$

因為阿傑的體重比較重,阿傑有說1.4倍。

作答說明

學童用除法算式 $70 \div 50$ 得到答案為1.4,並擷取阿傑說法中「1.4」倍的訊息,即認為阿傑的說法是正確的,忽略運算的結果是以何者為基準量,何者為比較量。

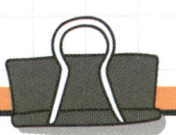

回答錯誤二

2人都對

$70 \div 50 = 1.4$

$50 \div 70 = \dfrac{5}{7}$

因為他們2人都有算出正確的倍數。

作答說明

學童直接用除法算出結果，認為和題目提及的數值1.4倍和$\dfrac{5}{7}$倍符合，因此判定2人的說法都正確，不理解算式的意義，也無法用倍數描述兩量的關係。

13 拔河比賽人數

　　學校舉辦班際拔河比賽,每班須推派12位男生和8位女生參加,六年甲班男生人數是女生的 $\frac{2}{3}$ 倍,全班人數是25人。

　　大強說:「我們班男女生人數可以參加比賽。」

　　你贊成大強的說法嗎?請寫出你的想法或作法。

你贊成<u>大強</u>的說法嗎？

我的想法或作法：

教授的留言板

　　學童的分數倍問題會有兩個學習階段，先是某量的分數倍，例如：一包2公斤的糖，媽媽做甜點用了 $\frac{1}{3}$ 包，他用了多少公斤糖？再來是學習基準量和比較量有關、誰是誰的分數倍問題，例如：哥哥存了3000元，弟弟存的錢是哥哥的 $\frac{3}{5}$ 倍，弟弟存了多少元？學童對現在學習的第二類分數倍問題，他們常常弄不清楚該用哪個數來乘以分數倍，還有分數倍計算也不一定能正確求解。學童對基準量、比較量問題，可以用「比」來表示兩量的倍數關係，也可以用「相等的比」來表示人數和倍數之間的關係。本題的設計就是想評量學童基準量、比較量的概念，能否用它來解決分數倍問題？

學童作答舉隅

正確例一

不贊成

男生：女生

$\frac{2}{3}$: 1

全部看成5個$\frac{1}{3}$，1個$\frac{1}{3}$是5人

男生10人，女生15人

女生 ├──1──┤
男生 ├─$\frac{2}{3}$─┤ 25人
         5人

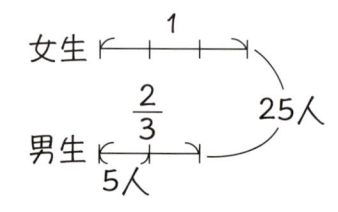

作答說明

學童從題目中「男生人數是女生的$\frac{2}{3}$倍」的訊息知道比值是$\frac{2}{3}$，將女生人數視為基準量，男生則為比較量；再透過線段圖知道全部有5個$\frac{1}{3}$，1個$\frac{1}{3}$的人數是5人，因此分別求出男生10人、女生15人，不符合推派的條件。

正確例二

不贊成

全班人數：女生

$(1+\frac{2}{3})$: 1 = 25 : ☐

☐ $=15$，$25-15=10$

$12>10$　男生不夠12人

作答說明

學童利用相等比的方式，找出男女生合起來的倍數以及女生人數與全班人數的關係，得知女生人數是15人，剩下的人數則是男生10人，對於給定幾倍與兩量和，求基準量的問題已清楚理解。

部分正確

贊成大強說的

$\frac{2}{3}$: 1 = 2 : 3

25÷5=5　5×3=15　5×2=10

男生15人，女生10人，剛剛好

作答說明

學童將比值換成整數比，男女生合起來是5份，雖正確算出人數是15人和10人，但是不知道基準量是女生，比較量是男生，因此錯誤回答男生是15人、女生是10人，因而錯判大強的說法正確。

回答錯誤

贊成

$\frac{2}{3}$ 是3份中的2份

$25 \div 3 = 8 \cdots 1$　　$8 \times 2 = 16$　　$25 - 16 = 9$

25人比20人多，人數一定夠

我算男生16人，女生9人，可以參加

作答說明

學童直接擷取情境中的數字25、$\frac{2}{3}$進行計算，將$\frac{2}{3}$視為3份中的2份，利用除法算式算出人數16人，誤以為是男生人數，而全班剩下的人數則為女生9人，因此判定男女生人數可以參加比賽。

主題一：整數與概數

14 火車座位

　　大智和朋友搭火車去福隆遊玩，火車上每節車廂的座位號碼排列如圖一，大智拿到火車票如圖二，大智旁邊的座位是幾號呢？請把你的作法寫出來。

窗	1	3	走	4	2	窗
	5	7	道	8	6	
	9	11		12	10	
	13	15		16	14	
	…	…		…	…	
	…	…		…	…	
	…	…		…	…	

圖一

圖二

大智旁邊的座位是幾號呢？

我的作法：

教授的留言板

　　學童曾學過一維數量、圖形、數形的規律，現在要學習二維規律；以前只要能察覺規律的變化，現階段要能從規律變化中寫出後幾項的算式，但不宜要求他們寫出適合任何項的一般式。火車座位問題要同時看橫向和縱向，看出號碼數字的變換；從數字變換的算式中，可用此規律算出題目中的座號是坐在哪？以及旁邊的座號是幾號？本題不但要從縱向找到車票號碼坐在哪裡，須再從橫向找到隔壁的座號，是一題很有數學素養、生活素養的評量題。學童有機會要多做做這類非例行的建構反應題，讓他們學到的數學知能夠靈活運用，而且在評量後瞭解解題的表現，並可看看他人的不同正確解以促進學習。

學童作答舉隅

正確例一

36號

一橫排有4個位子，把4個位子當成一組
34÷4＝8…2
餘2表示是每一橫排的第二個位子，在偶數區靠窗
所以，小智隔壁的座位是36號

作答說明

學童將每一個橫排以4個位子為一組，34除以4後餘2，依照座位圖排列，餘2在橫排的第二個位子，就是偶數區靠窗，所以大智旁邊的座位是36號。

正確例二

36號

一橫排有4個位子，4的倍數都在4的同一個直排
34不是4的倍數，所以在靠窗的位置
坐他旁邊的是36號

1	3		4	2	
5	7		8	6	
9	11	走	12	10	
13	15	道	16	14	窗
窗	...	...		...	...
	...	...		...	...
	...	...		...	...

4的倍數 ↑ ， 4的倍數+2 ↑

作答說明

學童觀察座位的每一欄，發現4的倍數在偶數區靠走道的那一欄，34是偶數但不是4的倍數，是4的8倍加2，所以是靠窗的位置，因此判定大智隔壁座位是36。

部分正確

座位是34

大智的座位是34在偶數區，和他坐在一起的可能是32或36 32和36除以4，餘數都是0，是在走道，32的隔壁是30，36的隔壁是34靠窗。

作答說明

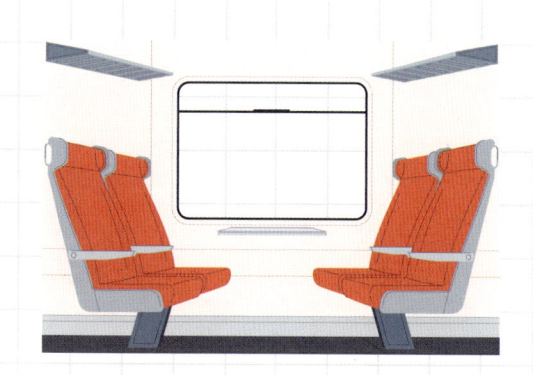

學童知道34號是在偶數區，所以推論隔壁的號碼是32或者36，發現32和36都是4的倍數，座位都靠近走道，靠窗的比靠走道的小2，所以大智的數字是34靠窗，坐他旁邊的號碼是36號，但是在填寫答案時卻誤植號碼為34，而非隔壁的36號。

回答錯誤一

隔壁是32號

因為34是偶數,大的數字在左邊靠走道,小的數字靠窗戶。

				小
1	3		4	2
5	7		8	6
9	11	走	12	10
13	15	道	16	14
窗 ...	...		...	... 窗
...	...		...	...
...	...		...	...

作答說明

學童雖然知道座位有奇數與偶數的區分,但是無法察覺座位安排的規律,僅憑藉情境的座位圖認為數字大的靠近走道,誤以為32和34是同一組座位,判斷大智的座位34號靠近走道,而坐隔壁的是32號。

回答錯誤二

33或35

大智的位子是34,因為34往前數是33,往後數是35。

作答說明

學童無法察覺數字及位置排列的規律,誤認為座位號碼是依照數字順序排列,所以答案可能是34的前後一數,錯誤回答33或35。

15 分攤費用

　　好看電影院推出早鳥優惠方案，佩佩和小芙2人一起看電影，佩佩付了電影票460元，小芙付了飲料和爆米花的費用240元。

　　小芙說：「我只要再給佩佩110元，這樣我們分攤的錢就一樣多。」

　　你贊成小芙的說法嗎？把你判斷的方法寫下來。

你贊成小芙的說法嗎？

我的判斷方法：

教授的留言板

　　學童在國小學習的平均問題，透過以多補少，來拉平所有的數量；它的計算方法，就是將全部的總數量除以總個數。嚴格來說，不能真正進行填補操作的問題，例如：某生某次五科考試成績的平均分數，若某科不及格也不會變及格，它不是平均問題；這類問題的從寬處理，最多可以是同一人同一科的平均分數。統計的算術平均數是一種集中量數，它是代表數概念，它的計算方法同平均問題，所以很多親師會誤判；國中學習的平均數是算術平均數，有關平均數的真正運算是要去除極端數值的。本題是在評量學童的平均問題概念，他們能否解決非例性問題的建構反應題呢？

主題一：整數與概數

學童作答舉隅

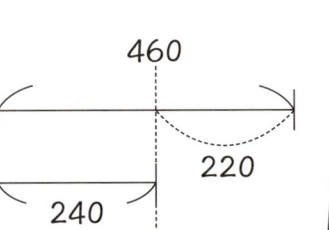

作答說明

學童利用線段圖表示2人所付的費用相差220元，並用算式將相差的220元除以2後，算出答案110元，也就是小芙要再給佩佩110元，2人分攤的費用才會一樣多。

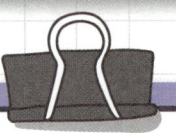

正確例一

正確

$(460 - 240) \div 2$
$= 220 \div 2$
$= 110$

作答說明

學童算出2人所花費的總金額是700元，經平分得知每人須付350元，因此小芙還須付110元給佩佩。

正確例二

正確

$460 + 240 = 700$
$700 \div 2 = 350$
$350 - 240 = 110$

部分正確

不正確，佩佩要給小芙才對

460＋240＝700

700÷2＝350

460－350＝110

作答說明

學童正確算出2人所花費的總金額是700元，經平分後得知每人需付350元，但是判斷答案時卻誤認為多付錢的佩佩須給小芙110元，錢才會一樣多，因此誤答小芙的說法不正確。

回答錯誤一

不正確

460 − 240 = 220

佩佩多付了220元

小芙應該要給佩佩220元才對

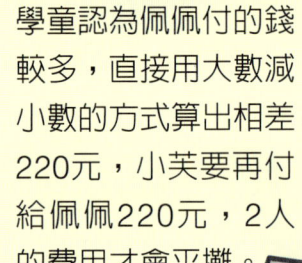

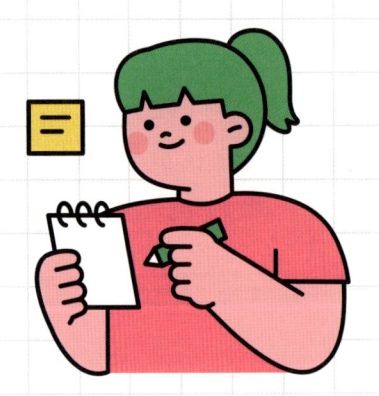

作答說明

學童認為佩佩付的錢較多，直接用大數減小數的方式算出相差220元，小芙要再付給佩佩220元，2人的費用才會平攤。

回答錯誤二

不正確

240 − 110 = 130
460 − 130 = 330
330 > 130
佩佩付的錢比較多

作答說明

學童不瞭解分攤的錢一樣多的意思，擷取題意中部分訊息「再給佩佩110元」進行計算，將小芙的錢再給佩佩110元，計算後佩佩的錢還是比小芙多，因此認為小芙的說法不正確。

16 滷肉飯

邦邦到便當店買滷肉飯，他買了4碗大碗和2碗小碗共付了330元，因為收據沾到了醬汁，他忘了滷肉飯的價錢，只記得一碗大碗的價錢比小碗的多15元。

妹妹看著收據：「我知道了！330除以6，大碗的55元，小碗的40元。」

你同意妹妹的說法嗎？
請把你的理由寫下來。

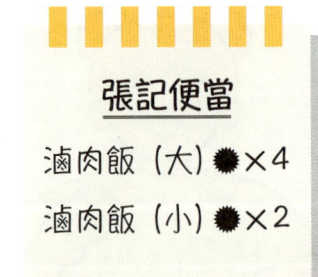

張記便當

滷肉飯（大）●×4
滷肉飯（小）●×2

合計330元

你同意妹妹的說法嗎？

我的理由：

教授的留言板

　　學童學習雞兔同籠問題，在生活中並不會關在一起，看起來很可笑；其實主要的探究思維，是要讓他們從規律中學會解題，例如：有8隻雞和兔子，合起來共有22隻腳，問有幾隻雞和幾隻兔子？親師可先引導學童用列表觀察8隻雞和0隻兔子有16隻腳、7隻雞和1隻兔子有18隻腳、6隻雞和2隻兔子有20隻腳、「5隻雞和3隻兔子」有22隻腳、4隻雞和4隻兔子有24隻腳、……，從這些規律中可以看到每減少1隻雞、增加1隻兔子，共增加2隻腳。當學童掌握這些規律後，可從8隻都是兔子有32隻腳開始探討，32比22多了10隻腳，每減2就是要將1隻兔子換成1隻雞，10÷2＝5就是要將5隻兔子換成5隻雞；他們也可用折中策略，8隻分成4隻雞和4隻兔子有24隻腳，（24－22）÷2＝1，只要將1隻兔子換成1隻雞就可，所以是5隻雞和3隻兔子。本題就是想瞭解學童能否靈活運用雞兔同籠概念，進行相關問題的解題。

主題一：整數與概數

學童作答舉隅

正確例一

不同意

全部換成大碗，價錢會增加30元
330＋30＝360
360÷6＝60
60－15＝45
大碗60元，小碗45元

作答說明

學童將滷肉飯全部換成大碗，發現2碗小碗換成大碗後，總價會增加30元，分別算出大小碗的價錢是60元和45元。

正確例二

不同意

55×4+40×2＝300 妹妹說的不對
360÷6＝60
60－15＝45

大碗60元，小碗45元

大碗	4	5	6
小碗	2	1	0
合計	330	345	360

15元　15元

作答說明

學童先用妹妹所說的價錢推算，發現總價應該是300元，並非330元，判斷妹妹的作法錯誤；接著利用表格觀察大小碗替換時價錢的變化，當滷肉飯全部換成6碗大碗時，總價是360元，即可知道1碗大碗滷肉飯的價錢，再由大小碗的價差算出小碗價錢。

正確例三

不正確，大碗60元，小碗45元

15×4=60
330−60=270
270÷6=45
45+15=60

作答說明

學童將4碗大碗的滷肉飯全部換成6碗小碗，每替換一碗總價會減少15元，先算出小碗的價錢是45元，再算出大碗的價錢是60元。

部分正確

不正確

55×4=220
40×2=80
220+80=300　300＜330

作答說明

學童從妹妹所說的價錢推算總價，發現與題意中的金額不符合，判斷大碗55元、小碗40元的價錢不正確，但是未清楚寫出正確的金額。

回答錯誤

同意,我的作法和妹妹一樣

330÷6＝55

55－15＝40

大碗55元,小碗40元

作答說明

學童直接用總價除以6碗,誤認為算出的金額是每一碗大碗滷肉飯的價錢,忽略6碗中有大小碗,價錢並不相同。

memo

主題二

分數與小數

17 最簡分數不簡單

班上舉行數學大挑戰活動，阿光這組抽到的題目如下：

「有一個分數，分母、分子的和是154，變成最簡分數後是 $\frac{4}{7}$，這個分數原來是多少呢？」

阿光讀完題目後回答：「這個分數應該是 $\frac{28}{126}$。」

你覺得阿光的答案正確嗎？

請寫出你判斷的理由。

| 你覺得阿光的答案正確嗎？ | 我判斷的理由： |

教授的留言板

　　學童學過等值分數後，就會學習擴分、約分，以及認識最簡分數。學童要從最簡分數找到原有的分數，並由題目中的訊息來解題，應該有多元的解法。他們必須有觀察最簡分數的分子、分母，還有擴分後和可能的分數之間，它們所有的關聯性。學童的數學學習除了概念清楚外，還要有內部、外部連結的能力，包括察覺、轉換、溝通、解題、評析的能力，連結是學習過程不是數學內容。數學的內部連結是指舊經驗到新經驗、數學不同主題間的關聯，數學的外部連結是指數學與生活應用、數學與其他領域；數學素養的「數學的思維」跟內部連結有關、「生活的應用」則跟外部連結有關，它們是數學學習的重要部分。本題的評量目的除了等值分數、擴分等數學概念外，還有它們跟連結的能力。

主題二：分數與小數

學童作答舉隅

正確例一

阿光的答案不正確

$\dfrac{4\times 7}{7\times 7}=\dfrac{28}{49}$，$\dfrac{28}{126}$ 分子28是4的7倍，但是分母126不是7的7倍，是18倍。

作答說明

學童將最簡分數 $\dfrac{4}{7}$ 擴分後，發現分數 $\dfrac{28}{126}$ 的分子28是4的7倍，但是分母不是7倍，因此判定 $\dfrac{28}{126}$ 不是 $\dfrac{4}{7}$ 的等值分數，所以阿光的答案是錯的。

正確例二

不正確

$\frac{28}{126} = \frac{2}{9}$，$\frac{28}{126}$ 約分後的最簡分數是 $\frac{2}{9}$，不是 $\frac{4}{7}$

作答說明

學童利用約分的方式找到 $\frac{28}{126}$ 的公因數是14，同時除以14以後的最簡分數是 $\frac{2}{9}$ 而非 $\frac{4}{7}$，因此認為 $\frac{28}{126}$ 不是原來的分數。

正確例三

不正確

$7 + 4 = 11$，$154 \div 11 = 14$

$\frac{4 \times 14}{7 \times 14} = \frac{56}{98}$

作答說明

學童從題意「分子、分母的和是154」的訊息，推算最簡分數 $\frac{4}{7}$ 的分子與分母合起來共11份，每一份就是14。因此分母、分子同時乘以14以後，原來的分數 $\frac{56}{98}$ 才是正確的，阿光的答案 $\frac{28}{126}$ 是錯的。

> 部分正確

不正確

分子、分母的和是154，$\frac{4}{7}$ 分子和分母同時乘以14才對，$\frac{28}{126}$ 是錯的。

> 作答說明

學童從最簡分數 $\frac{4}{7}$ 及題目「原來分數的分子、分母和是154」訊息，去推論須乘以14倍，但是並未清楚敘明為何分母、分子須同時乘以14倍的理由。

回答錯誤

正確

28＋126＝154，和題目分母、分子合起來是154的答案一樣，

所以 $\frac{28}{126}$ 是對的。

作答說明

學童僅擷取題目中「分母、分子的和是154」的訊息作為判斷條件，忽略了 $\frac{28}{126}$ 與最簡分數 $\frac{4}{7}$ 之間是否存在相同倍數的關係，因此判斷錯誤。

18 檸檬紅茶裝幾桶

老師出了一道數學題目：「飲料店準備了9公升的檸檬紅茶，每 $2\frac{1}{4}$ 公升裝一桶，全部裝完可以裝滿幾桶？」

右面是<u>小華</u>的作法：

$$9 \div 2\frac{1}{4}$$
$$= 9 \div \frac{9}{4}$$
$$= \frac{1}{9} \times \frac{9}{4}$$
$$= \frac{1}{4}$$

答：可裝 $\frac{1}{4}$ 桶

老師說<u>小華</u>的作法錯了，請你找出<u>小華</u>錯誤的地方，並寫出你的理由。

請你找出小華錯誤的地方？

$$9 \div 2\frac{1}{4}$$
$$= 9 \div \frac{9}{4}$$
$$= \frac{1}{9} \times \frac{9}{4}$$
$$= \frac{1}{4}$$

我的理由：

教授的留言板

　　學童學習分數的除法會從分數除以整數開始，接著是整數除以分數，以及分數除以分數。分數除以整數的重點是在從等分的概念入手，讓學童察覺「除以幾」和「乘以幾分之一」的意義一樣，這兩者之間的概念有關聯；碰到整數除以分數、分數除以分數，通常會有兩個學習階段，先從同分母，接著是異分母分數。若學童能將「除以分數」作為學習的核心，當分數除以分數學會了，這整數除以分數自然會做。學童學習除以分數從同分母入手，可以幫助他們從概念理解看到解題規則，例如：$\frac{3}{7} \div \frac{4}{7} = \frac{3}{4}$，有3個$\frac{1}{7}$除以4個$\frac{1}{7}$，利用分數的單位量是$\frac{1}{7}$的概念，3個是4個的$\frac{3}{4}$倍；接著異分母分數的除法，可以透過通分變成同分母來解題，從解題的歷程中瞭解除數處理的規則。

主題二：分數與小數

學童作答舉隅

正確例一

$9 \div 2\frac{1}{4}$
$= 9 \div \frac{9}{4}$
$= \frac{1}{9} \times \frac{9}{4}$
$= \frac{1}{4}$

答：可裝 $\frac{1}{4}$ 桶

除以 $\frac{9}{4}$ 是乘以 $\frac{4}{9}$，小華在顛倒相乘時把被除數9顛倒成 $\frac{1}{9}$，所以錯了。

作答說明

學童知道分數除法運算可以轉換為乘以除數的倒數，因此明確指出小華在顛倒相乘時錯把被除數9顛倒成 $\frac{1}{9}$，應該是把除以 $\frac{9}{4}$ 記成乘以 $\frac{4}{9}$ 才正確。

正確例二

$9 \div 2\frac{1}{4}$
$= 9 \div \frac{9}{4}$
$= \boxed{\frac{1}{9} \times \frac{9}{4}}$
$= \frac{1}{4}$　　答：可裝 $\frac{1}{4}$ 桶

$9 \div 2\frac{1}{4}$ 代表9公升裡有幾個 $2\frac{1}{4}$ 公升，從整數 $9 \div 2$ 知道大約有4個，所以答案不可能是 $\frac{1}{4}$ 桶。

作答說明

學童用估算的方式發覺9公升與 $2\frac{1}{4}$ 公升之間大約是4倍的關係，也就是可以裝滿4桶，不可能是小華所寫的答案只有 $\frac{1}{4}$ 桶，因為 $\frac{1}{4}$ 桶連1桶都不足。

部分正確

$$9 \div 2\frac{1}{4}$$
$$= 9 \div \frac{9}{4}$$
$$= \boxed{\frac{1}{9} \times \frac{9}{4}}$$
$$= \frac{1}{4}$$

答：可裝 $\frac{1}{4}$ 桶

他顛倒相乘的數字錯了，正確的是除數先顛倒再相乘。

作答說明

學童能圈出小華錯誤的地方，但是說明理由只是記憶「除數顛倒再相乘」的口訣，並未說明運算中的分數何者為除數，也無法從作答中確認學童是否理解分數除法運算可以轉換為乘以除數倒數的理由。

回答錯誤

小華是對的,他有把除的變成乘的。

作答說明

學童對於分數除法運算可以轉換為乘以除數的倒數不理解,僅記運算的口訣「將除號變乘號」,誤認為其作法正確,卻忽略了小華錯將被除數變成倒數。

19 分裝砂糖

1袋砂糖重 $12\frac{3}{8}$ 公斤，媽媽買了1袋重新分裝，每 $\frac{1}{4}$ 公斤裝1包，全部裝完共裝了 $49\frac{1}{2}$ 包。

弟弟說：「總共可以裝滿49包，沒有裝滿的那1包是 $\frac{1}{2}$ 公斤。」

你覺得弟弟的說法正確嗎？請寫出你的理由。

你覺得弟弟的說法正確嗎？

我的理由：

教授的留言板

　　學童要學會分數除以分數的運算，需先將異分母通分成同分母，再從同分母的除法中理解除以一數等於乘以其倒數之公式。學童不能只會機械式運算，更需有概念式理解；他們除了對「÷」運算背後的概念外，還有對除法算式中每個數字代表的意義，以及跟題目情境的關聯，尤其是對答案有所瞭解。十二年國教數學領綱在學習內容的該條備註提到：「可不處理餘數問題；若要處理，限於具體合理的生活情境。餘數問題不評量。」這類求餘數的問題對學童而言是有些困難度的，例如：$\frac{7}{4} \div \frac{3}{4} = 2 \cdots \frac{1}{4}$，很多的學童會寫成 $\frac{7}{4} \div \frac{3}{4} = 7 \div 3 = 2 \cdots 1$ 或 $\frac{7}{4} \div \frac{3}{4} = 2\frac{1}{3} = 2 \cdots \frac{1}{3}$；但是他們應該知道 $\frac{7}{4} \div \frac{3}{4} = 2\frac{1}{3}$ 中答案的整數、分數所代表的意義。本題的設計目的，就在評量學童能否理解分數除法算式中答案的意義為何？

主題二：分數與小數

學童作答舉隅

正確例一

弟弟說法不正確

$49\frac{1}{2}$ 包 = 49包 + $\frac{1}{2}$ 包，1包是 $\frac{1}{4}$ 公斤，

$\frac{1}{2}$ 包是 $\frac{1}{4}$ 公斤的一半，

$\frac{1}{4} \times \frac{1}{2} = \frac{1}{8}$ 沒有裝滿的是 $\frac{1}{8}$ 公斤。

作答說明

學童從情境理解包與公斤兩個單位的關係，裝滿1包是 $\frac{1}{4}$ 公斤，剩下 $\frac{1}{2}$ 包沒有裝滿，是 $\frac{1}{4}$ 公斤的一半，也就是剩下 $\frac{1}{8}$ 公斤，而非弟弟所說的剩下 $\frac{1}{2}$ 公斤。

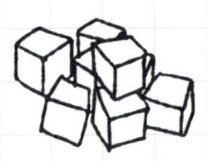

正確例二

不正確

1包是 $\frac{1}{4}$ 公斤，1公斤可以裝4包，
12$\frac{3}{8}$ 公斤裝48包，剩下 $\frac{3}{8}$ 公斤。
$\frac{3}{8} - \frac{1}{4} = \frac{3}{8} - \frac{2}{8} = \frac{1}{8}$，
$\frac{3}{8}$ 公斤又可以裝1包，剩下 $\frac{1}{8}$ 公斤。

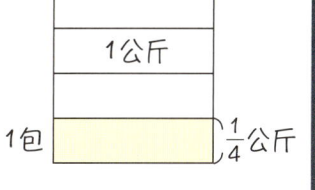

作答說明

學童用畫圖表示1公斤與1包的關係，1包是 $\frac{1}{4}$ 公斤，1公斤可以裝4包；12$\frac{3}{8}$ 公斤的砂糖可以裝48包，還剩下 $\frac{3}{8}$ 公斤，而 $\frac{3}{8}$ 公斤又可以裝1包，最後剩下 $\frac{1}{8}$ 公斤。

正確例三

不正確

$12\frac{3}{8} = \frac{99}{8}$,

$\frac{99}{8} \div \frac{1}{4} = \frac{99}{8} \div \frac{2}{8} = 99 \div 2 = 49 \cdots 1$

1是指剩下1個$\frac{1}{8}$公斤。

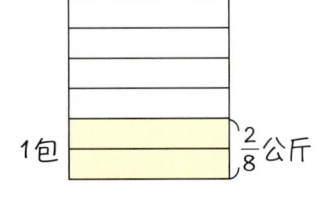

1包　$\frac{2}{8}$公斤

作答說明

學童先將被除數和除數通分化為同分母分數,將$\frac{1}{4}$擴分成$\frac{2}{8}$,1包是2個$\frac{1}{8}$公斤,全部的砂糖是99個$\frac{1}{8}$,連結整數除法的舊經驗$99 \div 2 = 49 \cdots 1$,得知餘數的1就是1個$\frac{1}{8}$公斤。

回答錯誤

弟弟回答正確

因為題目說裝 $49\frac{1}{2}$ 包，也就是裝滿49包，剩下 $\frac{1}{2}$ 公斤。

作答說明

學童誤以為1包是以1公斤為單位，$\frac{1}{2}$ 包就是 $\frac{1}{2}$ 公斤，忽略題意1包是以 $\frac{1}{4}$ 公斤為單位，因此回答錯誤。

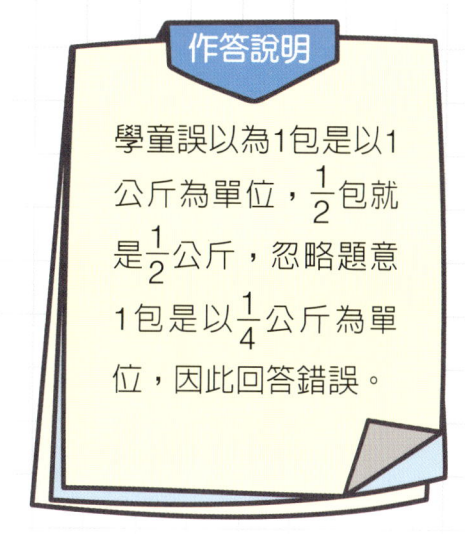

主題二：分數與小數

20 園遊會賣冬瓜茶

學校舉辦園遊會，六年甲班準備了25公升的冬瓜茶要進行分裝出售，下面有各種容量的杯子，他們應該選擇哪一款杯子才能裝得比50杯多呢？請說明你的理由。

品項	A小熊杯	B胖胖杯	C扭扭杯	D閃亮杯
杯子容量	$\frac{1}{3}$公升	$2\frac{2}{3}$公升	$\frac{1}{4}$公升	1公升

<u>他們應該選擇哪一款杯子才能裝得比50杯多呢？</u>

我的理由：

教授的留言板

　　學童解決生活中的分數除法問題，除了用精算來求解外，還可用數感等推理的方法來解題。學童解決數學問題過於習慣用計算，需要靠精算的結果來判斷或答題；他們若有數學的思維、生活的應用能力，解這些問題可以觀察題目中的重要訊息，從這些訊息的關聯中找到求解的路徑，展現計算以外的解題方法。親師讓學童於學過分數除法後進行評量，先瞭解他們的解題方法和思維，再跟他們一起討論他人的正確解法；他們看懂多元解法也是一種學習，鼓勵欣賞他人更優的解法，但不強求一定要模仿，仍可用自己較有把握的作法，等數學能力提升就會呈現更有效率的解法。

學童作答舉隅

正確例一

A和C

25公升裝50杯，1杯就是$\frac{1}{2}$公升，比$\frac{1}{2}$公升小，就能裝比50杯多，所以$\frac{1}{3}$和$\frac{1}{4}$都比$\frac{1}{2}$小。

作答說明

學童從25公升和50杯的關係，知道1杯就是$\frac{1}{2}$公升，以$\frac{1}{2}$為參考，只要比$\frac{1}{2}$小的分數，裝的杯數就會比50杯多，因此選擇A、C兩款杯子。

正確例二

A和C

A：1杯是$\frac{1}{3}$公升，1公升可以裝3杯，25公升可以裝75杯。

	1公升			1杯	1公升	
1杯		$\frac{1}{3}$公升		1杯		$\frac{1}{3}$公升
				1杯		

C：1杯是$\frac{1}{4}$公升，1公升可以裝4杯，25公升可以裝100杯。

D：1杯是1公升，25公升可以裝25杯。

B：容量已經超過1公升，所以會比25杯少。

作答說明

學童從杯子的容量與1公升可以裝的杯數關係察覺變化，並利用圖像表徵表示1杯是$\frac{1}{3}$公升，1公升相當於可以裝3杯，類推1杯是$\frac{1}{4}$公升，1公升相當於可以裝4杯。因此發現杯子容量比1公升小，裝的杯數比50杯多，等於或大於1公升的杯子都比50杯少。學童瞭解除數為分數時，被除數、除數與商的關係。

正確例三

A和C

A：$25 \div \frac{1}{3} = 25 \times 3 = \boxed{75}$

B：$25 \div 2\frac{2}{3} = 25 \times \frac{3}{8} = 9\frac{3}{8}$

C：$25 \div \frac{1}{4}$，$25 \times 4 = \boxed{100}$

D：$25 \div 1 = 25$

作答說明

學童用算式逐一計算，發現A和C算出來的答案是75杯和100杯，比50杯多，因此選擇A和C款的杯子。

部分正確

A

$25 \div \frac{1}{3} = 25 \times 3 = 75$　$\frac{1}{3} < 1$，$2\frac{2}{3} > 1$，
如果分給比1大的數會越分越少，
分給比1小的數會越分越多。

作答說明

學童知道$\frac{1}{3}$比1小，透過算式$25 \div \frac{1}{3} = 25 \times 3 = 75$，知道除以一個比1小的數，答案會比原來的數還大，發現A符合條件，卻忽略C的答案也比50杯多。

回答錯誤

B胖胖杯

25的2倍是50，只有$2\frac{2}{3}$有完整的2，
可能比50杯多，其他都比2小，
不可能有50杯。

作答說明

學童不瞭解題意，誤將包含除的情境當作乘法情境，認為$2\frac{2}{3}$有整數2，25的2倍是50，四種杯子只有B有2倍，其他都比2小，所以選擇B。

21 準備幾個袋子

　　文文最近學了「不為五斗米折腰」的成語，他發現雜糧行進貨1包的糯米也是以「五斗」來計算，如下圖：

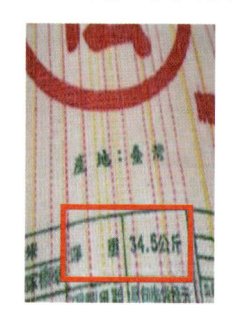

1斗米重11.5臺斤（1臺斤＝0.6公斤），5斗米是57.5臺斤，老闆分裝成每小袋0.5臺斤販售。

　　文文說：「我想一想，要準備115個袋子就可以全部裝完。」

　　你覺得文文的說法正確嗎？請寫出你判斷的理由。

你覺得<u>文文</u>的說法正確嗎？

我判斷的理由：

教授的留言板

　　學童認識的重量單位都是公制，例如：公克、公斤、公噸，在生活中「臺斤」卻常常聽到，藉由本題他們可以學習並知道斗和臺斤、臺斤和公斤之間的關係。數學課程的量與實測教材都是以公制單位來安排，這是為了協助學童容易跟國際接軌，但是有機會也應該認識生活中常用的單位。學童在此時新學習了小數除以小數的直式算則，他們跟小數除以整數需要的概念不同；後者只要掌握被除數的位值概念即可，前者是他們首次學習除數是小數，要用被除數、除數同時換單位的概念，將除數調為整數，例如：12.34是1234個0.01，再用整數除以整數或小數除以整數來處理。本題主要的目的在瞭解學童怎麼解決小數除以小數的問題，除了可用直式算則來求解外，也可察覺被除數、除數的兩量關係用推理來解題。

學童作答舉隅

正確例一

正確

57.5臺斤是575個0.1臺斤
0.5臺斤是5個0.1臺斤
575÷5＝115

```
        個十
        位分
         1 1 5
    ┌─────────
0,5 │ 5 7,5
      5
      ─
        7
        5
        ─
        2 5
        2 5
        ───
          0
```

作答說明

學童以0.1為單位，用轉換單位的方式將57.5、0.5轉換為575個和5個0.1，並用位值的概念說明直式計算的歷程，575是5的115倍，判斷文文的115個袋子可以裝完，說法是正確的。

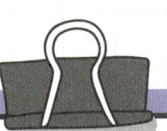

正確例二

文文說對了

1袋0.5臺斤，1臺斤可裝2袋
5斗米57.5臺斤可以裝2×57.5＝115

作答說明

學童知道0.5臺斤裝1袋，1臺斤可裝2袋，推算 5斗米是57.5臺斤可以裝115袋，所以115個袋子即可分裝完成。

正確例三

文文說對了

1臺斤是0.6公斤，0.5臺斤是0.3公斤
5斗米是34.5公斤
所以34.5÷0.3＝115

作答說明

學童將5斗米與1袋米都換成公斤來計算，從圖片中知道5斗米是34.5公斤，0.5臺斤是0.3公斤，發現兩者之間的關係為115倍，因此判斷文文說的115個袋子是正確的。

部分正確

文文說對了

我把他們看成575和5
所以575是5的115倍
就是115袋

作答說明

學童雖然正確回答文文是對的，但是說明理由僅以575是5的115倍，並未完整說明57.5和0.5為何可視為整數575和5，說明理由不完整。

回答錯誤

不正確

```
         1 1.5
0,5 ) 5 7.5
       5 5
       ─────
         2 5
         2 5
       ─────
           0
```

小數計算時要把小數點移動，答案的位置小數點要對齊，所以是11.5才對

作答說明

學童用直式計算，受口訣影響，知道要移動小數點，將除數0.5視為5，但是不理解移動的意義是轉換單位。接著以0.1為計數單位，忽略被除數的小數點也要做轉換為575，因而誤寫答案11.5。

主題二：分數與小數

22 做奶酪

冰箱裡有4公升的鮮奶，<u>大成</u>想要用這些鮮奶做成奶酪，做一個奶酪需要0.15公升的鮮奶，4公升的鮮奶可以做幾個奶酪呢？還剩下多少公升的鮮奶？

他先列出橫式再用直式計算，下面是他的作法：

$4 \div 0.15 = 26 \cdots 10$

```
         2 6
    ┌─────────
0.15│ 4.00
      3 0
      ─────
      1 00
        90
        ───
        10
```

答：可做26個，剩下10公升

你覺得<u>大成</u>的作法正確嗎？請說明你的理由。

你覺得大成的作法正確嗎？

我的理由：

教授的留言板

　　學童學習小數除以小數問題，通常需將被除數、除數同時用換單位概念處理，配合除數的小數位數來調整，例如：除數是13.5看成135個0.1，被除數是24.68看成是246.8個0.1，再進行除法直式計算。學童最常見的錯誤是在餘數，忘了也需要同時看成有幾個0.1；雖然他們最常聽到的口訣是「小數點移幾位，就要補幾位」，但是在沒有概念下常常會弄錯。親師應利用換單位的概念，引導學童瞭解小數除以小數，除數要調為整數，才能進行解題的處理。當他們理解了小數除法的運算，再跟口訣做連結，這時再用口訣就是有意義的，對學童也是有感覺的。本題的評量目標就在瞭解學童的小數除法概念，能否藉以判斷其他學童的解題？

學童作答舉隅

正確例一

不正確

大成的餘數寫錯了,全部只有4公升的鮮奶,不可能還剩下10公升,是0.1公升才對。

```
         個十百
          分分
          2 6
  0.15 ) 4.00
         3 0
         1 00
           90
           10
```

作答說明

學童從題意中察覺總量與餘數的關係,全部的鮮奶是4公升,做完26個奶酪後,不可能還剩下10公升的鮮奶,並用定位板說明剩下的是0.1公升,因此判斷大成的作法是錯的。

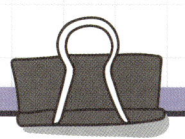

正確例二

大成做錯了

我把4公升看成400個0.01,0.15公升是15個0.01
400÷15=26…10
剩下10是10個0.01,也就是剩下0.1公升

作答說明

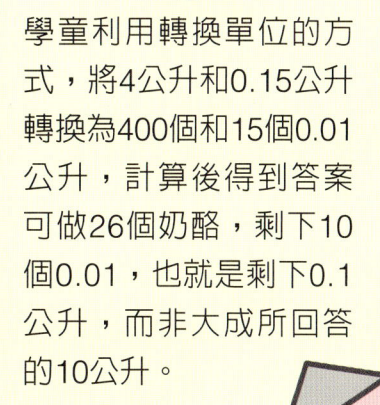

學童利用轉換單位的方式,將4公升和0.15公升轉換為400個和15個0.01公升,計算後得到答案可做26個奶酪,剩下10個0.01,也就是剩下0.1公升,而非大成所回答的10公升。

正確例三

大成的餘數錯了

4公升＝4000毫升，0.15公升＝150毫升
4000÷150＝26…100
100毫升就是0.1公升

```
        26
150 ) 4000
      300
      1000
       900
       100
```

作答說明

學童將4公升和0.15公升同時以低階單位毫升表示，換算為4000毫升和150毫升，計算後剩下100毫升，也就是剩下0.1公升。

部分正確

大成的餘數有錯

大成的直式作法是對的,小數點有移二位,餘數要回到原來的位置,所以不是10公升。

作答說明

學童能指出大成的餘數有錯,但是說明理由僅以口訣「餘數要回到原來的小數點位置」,並未說明為何不是10公升,說明理由宜再完整。

回答錯誤

大成的作法正確

我的作法和大成一樣,他有把小數點劃掉再補0,答案也正確。

作答說明

學童認為大成的作法正確,沒有發現餘數的數量與情境中的全部量不符合,無法判斷直式中餘數的合理性。

23 大雄哪裡錯了

數學課時，老師出了一道數學題目：「3.2÷0.75」用直式算算看，以四捨五入法將商取概數到小數點後第一位。

下面是大雄的作法：

3.2÷0.75＝4.2

```
            4.2
      ┌─────────
0.75 │ 3.20.
      │ 3 00
      │ ─────
      │   20 0
      │   15 0
      │   ─────
      │    5 0
```

坐在隔壁的小美說大雄的作法錯了，請把大雄錯誤的地方圈起來，並說明你的作法。

請把大雄錯誤的地方圈起來：

```
           4.2
      ┌─────────
0.75  │ 3.20.
        3 00
        ────
          20 0
          15 0
          ────
           5 0
```

我的作法：

教授的留言板

　　學童學習小數除以小數的問題，除了用商和餘數來表示結果外，這餘數有可能是零；他們也要學習忽略餘數，用概數來處理商，通常題目會指定商的概數取到小數點後第幾位。學童若對整數取概數的觀念很清楚，就應該知道取概數的規則；商取概數跟整數取概數的概念一樣，作法也是一致。學童除了要自己能計算和求解外，也要有看懂別人解題的能力；他們有這些能力，才算具備有數學素養能力。本題就在評量學童對小數除法的概念，尤其是商取概數的作法，以及他們能否判斷他人的作法？

主題二：分數與小數

學童作答舉隅

正確例一

將商取概數到小數點後第一位，
要算到小數點後第二位，
再四捨五入到第一位，
大雄只做到第一位就寫答案了，
所以錯了。

$$\begin{array}{r} 4.2 \\ 0.75\overline{)3.20.} \\ \underline{3\ 00} \\ 20\ 0 \\ \underline{15\ 0} \\ 5\ 0 \end{array}$$

作答說明

學童明確指出大雄的商只算到小數點後第一位，正確的應該算到第二位後再取概數到第一位，對於小數除法商取概數的概念清楚。

正確例二

正確

```
         4.2
      ┌─────────
0.75 │ 3.20.
       3 00
       ─────
         20 0
         15 0
         ─────
          5 0
```

```
          3
          4.26
      ┌─────────
0.75 │ 3.20.
       3 00
       ─────
         20 0
         15 0
         ─────
          50 0
          45 0
          ─────
           5 0
```

正確的答案應該是4.26，四捨五入後是4.3，不是4.2。

作答說明

學童重新用直式再做一次，並說明要算到小數點後第二位，答案是4.26，四捨五入後應該是4.3，不是4.2，對於小數除法直式算則清楚，對於商取概數的概念已建立。

部分正確

大雄還沒有算完就寫答案了，
答案有可能是4.2，
也可能是4.3，
要再算後面才知道。

```
         4.2
     ┌───────
0.75 │3.20.
      3 00
      ─────
        20 0
        15 0
        ─────
         5 0
```

作答說明

學童雖然指出大雄的商有錯，並說明答案可能是4.2或4.3，但未詳細敘述要算到小數點後第二位及如何取概數，才會是4.3的理由。

回答錯誤

題目說算到第一位，
大雄的答案算到小數點後第一位4.2是對的，
是小美說錯了。

作答說明

學童認為將「商取概數到小數點後第一位」，就是商算到小數點後第一位，認為大雄的作法並沒有錯，對於小數除法商取概數的概念不清楚。

主題二：分數與小數

24 手機通話費用

手機通話計費分為【網內互打和網外互打】兩種，再加上月租費就是爸爸每個月繳交的費用，目前有兩家電信公司推出專案如下：

電信公司	大大電信	中中電信
月租費	699	699
網內互打（元／每秒）	0.085	0.07
網外互打（元／每秒）	0.12	0.15

爸爸每個月平均網內、網外約各打2000秒，他應該選擇哪一家電信公司比較划算？請說明你的想法。

爸爸選擇哪一家電信公司比較划算？

我的想法：

教授的留言板

　　學童認識多位小數之後，就會進行多位小數的四則計算；他們已有一位、二位小數運算的經驗，此時只是擴增小數的位名。學童對小數加、減的直式計算，不能只記口訣「小數點對齊」，這口訣碰到小數乘、除就不管用了。親師若要學童對整數、分數、小數的加、減、乘、除不要混淆，他們需要有概念性理解，來確認各類的運算方法。有關整數、分數、小數的加、減，它們都具有單位量的概念，整數的位值「……、千、百、十、一」、分數的單位分數「幾分之一」、小數的位值「……、一、十分之一、百分之一、千分之一、……」，這些都是單位量，學童只要知道相同單位才能相加、減，就能正確處理相關問題。本題主要是評量學童的小數計算，他們能否掌握小數概念並正確解題？

主題二：分數與小數

學童作答舉隅

正確例一

大大電信

網內：(0.085 − 0.07) = 0.015
網外：(0.15 − 0.12) = 0.03
0.03 − 0.015 = 0.015

作答說明

在撥打相同秒數的狀況下，學童先比較網內互打每秒的費用，發現大大電信每秒貴0.015元；接著再比較網外每秒的費用，大大電信每秒便宜0.03元，因此判斷大大電信較便宜。

正確例二

大大電信

大大：$(0.085+0.12)\times 2000=410$
中中：$(0.07+0.15)\times 2000=440$
$440-410=30$

作答說明

學童分別算出兩家電信網內和網外撥打2000秒所需的費用，經比較後發現大大電信的費用便宜30元比較划算。

正確例三

大大電信

網內：$(0.085-0.07)\times 2000=30$
網外：$(0.15-0.12)\times 2000=60$
$60-30=30$

作答說明

學童先算出兩家網內撥打2000秒的差價，發現大大電信貴30元；接著算出網外2000秒的差價，大大電信便宜60元，總價大大電信還是少了30元。

部分正確

中中電信

網內：(0.085 − 0.07) × 2000 = 30
網外：(0.15 − 0.12) × 2000 = 60
60 > 30

作答說明

學童分別算出撥打2000秒時兩家網內、網外的差價，大大電信網內費用便宜30元，中中電信網外費用貴60元。因60 > 30誤認為多的數量就是划算，所以錯誤回答中中電信。

回答錯誤

中中電信

0.085 × 2000 − 0.07 × 2000
= 170 − 140
= 30

作答說明

學童忽略了「網內、網外各2000秒」的訊息，只算出網內撥打2000秒的差價，因此認為中中電信較划算。

主題三

關係

25 兩種品牌洗衣粉

　　小達和媽媽到大賣場購買洗衣粉，架上有A、B兩種品牌的洗衣粉。A牌1包重1.875公斤，B牌1包重$\frac{7}{8}$公斤，A牌1包的價錢和2包B牌的價錢相同。媽媽考慮要買1包A牌的洗衣粉，還是要買2包B牌的洗衣粉。

　　小達說：「1包A牌洗衣粉會比2包B牌洗衣粉多0.125公斤。」

　　你同意小達的說法嗎？
　　請寫出你的理由。

你同意小達的說法嗎？

我的理由：

教授的留言板

　　學童學過多位小數後，就會學習分數、小數換算或混合計算；雖然生活中很少需要去做這類問題，但是教材的設計是要學童多熟練分數、小數的關聯。學童對於一些常見的分數或小數，例如：$\frac{1}{2}$、$\frac{1}{4}$、$\frac{1}{8}$、$\frac{5}{8}$、$\frac{7}{8}$和0.5、0.25、0.125、0.625、0.875的對應，他們應該要很清楚這些分數、小數之間的換算，才會有利於四則運算的進行。學童在解決分數、小數混合相關的問題，要能靈活的判斷或運用，將它們都換成分數或都換成小數來處理。本題設計是分數、小數混合的生活問題，評量目標想瞭解學童對這類問題的解題思維，他們能否有靈活的概念來解決問題？

主題三：關係

學童作答舉隅

正確例一

小達的說法正確

$1 - \frac{7}{8} = \frac{1}{8}$ $\frac{1}{8} = 0.125$ $2 - 1.875 = 0.125$

如果以2公斤來看，
1.875公斤差1個0.125公斤，
2包$\frac{7}{8}$公斤的洗衣粉差2個0.125公斤，
所以A牌多0.125公斤

作答說明

學童以整數2公斤作為判斷依據，$\frac{7}{8}$公斤與1公斤相差$\frac{1}{8}$公斤，$\frac{1}{8}$公斤換成小數是0.125公斤，買2包$\frac{7}{8}$公斤的洗衣粉，也就會比2公斤少2個0.125公斤，從2個牌子的差量發現A牌多出1個0.125公斤，判斷小達說法正確。

正確例二

小達正確

$1.875 - \frac{7}{8} \times 2$
$= 1.875 - \frac{7}{8} \times 2$
$= 1.875 - \frac{7}{4}$
$= 1.875 - 1.75$
$= 0.125$

作答說明

學童依據先乘除後加減的運算規則，先算出2包B牌的總重，經過約分後，得到答案是$\frac{7}{4}$，再將$\frac{7}{4}$換成小數為1.75，得知A牌多出0.125公斤。

正確例三

同意

$\dfrac{7}{8} = 0.875$

$1.875 - \dfrac{7}{8} \times 2$
$= 1.875 - 0.875 - 0.875$
$= 1 - 0.875$
$= 0.125$

作答說明

學童將分數轉換為小數再進行計算,將減掉$\dfrac{7}{8} \times 2$的運算視為連減2個0.875,得知A牌多出0.125公斤。

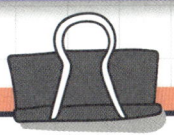

回答錯誤

不同意

$1.875 - \dfrac{7}{8} \times 2$
$= 1.875 - 0.875 \times 2$
$= 1 \times 2$
$= 2$

作答說明

學童由左而右計算,忽略了四則運算時「先乘除後加減」的規則,因此錯誤算出答案為2公斤,因此不同意小達的說法。

26 換個方法算算看

家家正在計算一道數學題目：

「$13\frac{5}{7} \div 0.125 \div 8$」，下面是他的作法：

$13\frac{5}{7} \div 0.125 \div 8$

$= \frac{96}{7} \div 0.125 \div 8$　　　$96 \div 7 = 13.71428\cdots$

家家說：「這一題 $\frac{96}{7}$ 除不盡，沒有辦法算出答案。」

哥哥說：「這題換個方法計算，可以很快算出正確答案是 $13\frac{5}{7}$。」

你覺得誰的說法正確？請說明你的想法。

你覺得誰的說法正確？

我的想法：

教授的留言板

　　學童學過整數二次連除的問題，也應該理解「連除兩數」等於「除以兩數之積」，但課綱有備註「不做a÷(b÷c)之去括號」問題；前述概念的建立，親師應引導學童從不同解題思維來解題，將同一應用問題列出兩種算式，再讓他們察覺兩個算式是同一問題且答案相同，例如：3600顆雞蛋，每10顆裝一盒，每12盒裝一箱，雞蛋共可裝幾箱？學童碰到分數、小數混合的乘或除兩步驟問題，他們要能有數感的判斷，都用分數或小數來解題；若題目不好判斷時，他們也要能嘗試多元的解題。本題的命題是以數學思維來設計，將分數、小數混合的連除二次的問題，提出解題的不同看法；藉此想瞭解學童對相關問題的概念和解法。

學童作答舉隅

正確例一

哥哥的說法正確

$13\frac{5}{7} \div 0.125 \div 8$
$= 13\frac{5}{7} \div (0.125 \times 8)$
$= 13\frac{5}{7} \div 1$
$= 13\frac{5}{7}$

作答說明

學童具有某些小數相乘時會出現特別答案的數感，察覺 0.125×8 是1，且利用連除兩數等於除以兩數之積的規律，先算 $0.125 \times 8 = 1$，再算出答案 $13\frac{5}{7}$。

正確例二

哥哥正確

$13\frac{5}{7} \div 0.125 \div 8$
$= \frac{96}{7} \div \frac{1}{8} \div 8$
$= \frac{96}{7} \times \frac{8}{1} \times \frac{1}{8}$
$= 13\frac{5}{7}$

作答說明

學童將小數0.125轉換為分數$\frac{1}{8}$，發現$\frac{1}{8} \times 8$剛好可以約分為1，因此快速得到答案為$13\frac{5}{7}$，判定哥哥的說法正確。

回答錯誤一

2人都不正確，我換了一個方法算，答案不是 $13\frac{5}{7}$

$13\frac{5}{7} \div 0.125 \div 8$

$= \dfrac{96}{7} \div \dfrac{1}{8} \div 8$

$= \dfrac{96 \div 8}{7} \div \dfrac{1}{8}$

$= \dfrac{12}{7} \times \dfrac{1}{8}$

$= \dfrac{12}{56}$

$= \dfrac{3}{14}$

作答說明

學童將小數換為分數，並利用倒數相乘的方式進行分數的除法運算，但是計算過程中只將除號變乘號，未將分數變成倒數，因此計算錯誤答案。

回答錯誤二

家家正確

$13\frac{5}{7} = \frac{96}{7}$

$\frac{96}{7}$ 除不盡，不能換成小數，所以不能算

```
      1 3.7 1 4
   7 ) 9 6
       7 0
       2 6
       2 1
         5 0
         4 9
           1 0
              7
              3 0
              2 8
                 2
```

作答說明

學童用直式計算 96÷7，發現除不盡，認為 $\frac{96}{7}$ 無法轉換成小數，因此認同家家的說法。

27 豆漿和燕麥奶各幾瓶

婷婷帶250元要把錢全部花完買豆漿和燕麥奶，便利商店豆漿一瓶30元，燕麥奶一瓶35元，他先拿了相同瓶數的豆漿和燕麥奶發現身上不夠10元，他把豆漿和燕麥奶的瓶數做了調整後，錢就剛剛好。請問婷婷最後買了幾瓶豆漿和幾瓶燕麥奶？請寫出你的作法或理由。

請問婷婷最後買了幾瓶豆漿和幾瓶燕麥奶？

我的作法或理由：

教授的留言板

　　學童學習雞兔同籠問題，應該要能察覺在任何情境下兩量的總隻數都是一樣，透過不同數量變化找到解題的重要訊息；這是總數量不變的概念，可以轉換成不同情境的兩量關係問題，他們需要察覺出這兩量變化的規律，才能找出解題的重要訊息。學童若未能察覺總數量不變的兩量變化規律，他們找不到解題思路，這種問題就會是難題；親師應引導學童列出可能的兩量關係，並從兩量的序列變化中，再參照兩量的差量來列式求解。本題的設計是花費總金額固定，評量學童能否利用雞兔問題的概念來解題？

學童作答舉隅

正確例一

6瓶豆漿和2瓶燕麥奶

250元不夠10元，所以總價是260元
260 ÷ (30＋35) ＝4
一瓶價錢差5元，不夠10元，把價錢高的燕麥奶換成2瓶豆漿就剛好。

作答說明

學童先從題目「拿的瓶數相同不夠10元」的訊息知道兩種物品總價是260元，再推算出各拿4瓶，1瓶的差價是5元，不夠的10元將高價的燕麥奶換成低價的豆漿，換2瓶就剛剛好，因此得知答案是6瓶豆漿和2瓶燕麥奶。

正確例二

6瓶豆漿和2瓶燕麥奶

相同瓶數不可能是奇數瓶，奇數瓶總價會出現5

豆漿30	2	4	5	6
燕麥35	2	4	3	2
價錢	130	260	255	250

5元　5元

作答說明

學童先從題目訊息「拿相同的瓶數」推論可能是各拿2瓶或4瓶，因為總金額是260元；根據奇偶的倍數關係，得知奇數瓶的總價個位數字會是5，偶數瓶則會出現0。接著利用表格察覺相對應的錢與瓶數關係，排除2瓶的可能性後推知是4瓶，再將不夠的10元替換2瓶高價的燕麥奶，剛好是所帶的金額250元，因此答案是6瓶豆漿和2瓶燕麥奶。

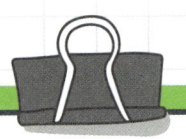

部分正確

2瓶豆漿和6瓶燕麥奶

相同瓶數不可能是奇數瓶，奇數瓶總價會出現5
(30＋35)×1＝65　(30＋35)×3＝195　(30＋35)×5＝325
(30＋35)×2＝130
(30＋35)×4＝260　4＋4＝8
10÷5＝2　8－2＝6

作答說明

學童先從題目訊息「拿相同的瓶數」列出所有的可能，發現奇數瓶總價會出現5，而且超過4瓶後價錢超過300元，推知每種4瓶共8瓶，1瓶的差價是5元，再將不夠的10元替換2瓶就是答案，但是不知替換的為何者，誤將替換的燕麥奶看成豆漿，錯誤回答2瓶豆漿和6瓶燕麥奶。

回答錯誤一

4瓶燕麥奶和4瓶豆漿

250＋10＝260　　30＋35＝65
65×1＝65　　65×2＝130
65×3＝195
$\boxed{65×4＝260}$

作答說明

學童知道250元不夠10元的意思，並從題目訊息「拿相同的瓶數」利用算式列出所有的可能，只有4瓶的金額剛好是260元，因此錯誤回答豆漿4瓶、燕麥奶4瓶，忽略了婷婷所帶的錢是250元，而非260元。

回答錯誤二

3瓶燕麥奶，4瓶豆漿

250－10＝240　　30＋35＝65
240÷65＝3…30
30元剛好可以再買1瓶豆漿，3＋1＝4

作答說明

學童誤解「不夠10元」的意思，將所帶的金額250元減掉10元，再將240元除以1瓶豆漿和燕麥奶的總價，算出答案3瓶還剩下30元，剩下30元是1瓶豆漿的錢，因此錯誤回答3瓶燕麥奶和4瓶豆漿。

主題三：關係

28 聖誕布置

學校舉辦聖誕節感恩晚會,六年甲班的同學協助壁面的布置,每一個鐵環上面都要綁上愛心小燈泡,綁的方式要將鐵環重疊在一起,如下圖:

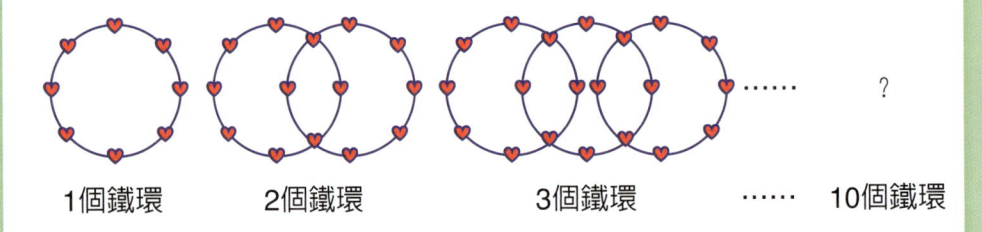

1個鐵環　　2個鐵環　　　3個鐵環　……　10個鐵環

主任共準備了10個鐵環,但是還沒有算好愛心燈泡。

班長萌萌說:「我用8＋6×9這個算式就可以算出愛心燈泡需要幾顆。」你覺得萌萌的說法正確嗎?請寫出你判斷的理由。

你覺得萌萌的說法正確嗎？

我判斷的理由：

教授的留言板

　　學童對最典型、最常見的數、形兩者同時增長的二維規律，他們有豐富的解題經驗；他們面對這類不同的數形規律問題，要能觀察出圖形和算式之間的關聯，表示規律的算式不僅一個，學童可以有自己的想法，但是也要瞭解他人寫的算式是否正確？以及這算式表示的意義，就是這規律嗎？這時學習的數形規律，跟曾學過較簡單數形規律的差別，有兩個重點：一是能用算式列出規律的變化，但不要求可適合任何一項或圖的一般式；二是探討未知的一項或圖可以是較後面的10幾個左右。本題的設計就是數形同時增長的規律，題目中已有一規律變化的算式，要評量學童能否判斷它的正確性？

學童作答舉隅

正確例一

正確

除了第一個鐵環是8顆燈泡，每增加一個環只要6顆就夠了。

8+6×9=62

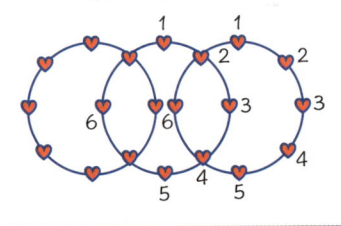

作答說明

學童從圖形的變化，發現每增加1個鐵環就增加6顆燈泡，並用圖示說明，除了第一個鐵環是8顆，其餘的9個鐵環都是6顆，因此用算式表示8+6×9=62。

正確例二

萌萌說對了

我用表格作記錄，1個鐵環是8顆燈泡，2個鐵環是14顆，3個鐵環是20顆，發現每個鐵環之間差6顆，所以可以用 8＋6×9＝62，算出10個鐵環的數量是62顆。

鐵環	1	2	3	4	5	6	7	8	9	10
燈泡	8	14	20	26	32	38	44	50	56	62

（+6　+6　+6）

作答說明

學童用表格記錄1到3個鐵環的燈泡數量，發現每增加1個環，燈泡總數會增加6顆，依此規律填完表格，10個鐵環需要燈泡數量是62顆，因此判斷萌萌的算式 8＋6×9是正確的。

正確例三

正確

$8 \times 10 = 80$，$2 \times 9 = 18$，$80 - 18 = 62$
1個鐵環是8顆燈泡，10個鐵環就是80顆，
其中有9個鐵環都有重複計數的2顆，所以全部62顆。
萌萌的作法：$8 + 6 \times 9 = 62$
第一個鐵環是8顆燈泡，每增加1個環只要6顆就夠了，
一樣算出是62顆，所以是對的，只是方法不一樣。

作答說明

學童用不同解題方式算出總數62顆，比對萌萌的算式算出的總數也是62顆，判斷萌萌的說法正確，並說明兩者作法差異處：1個鐵環是8顆燈泡，10個鐵環應該是80顆，發現環跟環之間有重疊，因此會有重複計數的2顆，依此規律推論除了第一個環是8顆，扣掉其他9個鐵環被重複計數共18顆，因此用算式計算出62顆。

部分正確

正確

除了第一個鐵環是8顆燈泡，
每增加1個鐵環只要6顆就夠了，
我用算的
6×9＝52，52＋8＝60

作答說明

學童觀察圖形的變化，知道除了第一個鐵環需要8顆燈泡，從第二個鐵環開始每增加1個鐵環就增加6顆燈泡，9個環都是6顆，因此用算式算出答案，誤將6×9＝54記成52，因此錯誤回答總數是60。

回答錯誤

萌萌錯了，
1個鐵環8顆，
10個鐵環應該8×10＝80，
萌萌寫8＋6×9＝62錯了

作答說明

學童無法從圖形的排列狀態發現其規律性，因此只擷取題意中的1個鐵環要綁8顆燈泡，直接進行解題10個鐵環的總量8×10＝80，因此錯誤回答80顆。

主題三：關係

29 藝術光廊

樂樂國小用一些燈籠在校門口設計一條藝術走廊，透過燈光的明與暗創造各種造型，奇奇和乖乖一起去欣賞藝廊，奇奇觀察了燈籠亮燈數與暗燈數記錄如下表：

暗燈數（個）	10	15	20	48	54	57
亮燈數（個）	50	45	40	12	6	3

奇奇說：「10的5倍是50，15的3倍是45，所以我用『暗燈數×□倍』的算式表示燈籠的總數。」

乖乖說：「不是倍數，我用『暗燈數＋亮燈數』的算式表示燈籠的總數。」

你認為誰的說法正確？請說明你的想法。

你認為誰的說法正確？

我的想法：

教授的留言板

　　學童學習的兩量關係有多種題型，例如：比與比值、比率與百分率、基準量與比較量、……，進一步會從解題觀點認識數量關係的問題，例如：年齡問題、雞兔問題、……。親師應引導學童看到年齡問題中兩人的年齡差不變、雞兔問題中兩量的總隻數不變，這些關係最簡單的來源是從圖示或列表中察覺，從數量變化找到解題的重要訊息。學童能察覺數量的關係和變化，這是一種很重要的能力；親師不宜直接告知，可讓同儕中已察覺的學童，邀請這些學童來分享，由同儕來說明可減少他們的壓力、提升他們的理解。本題就在評量學童對數量關係的掌握程度，他們從表格中能否判斷誰的說法正確？

學童作答舉隅

正確例一

乖乖說的正確

燈籠的總數都是60個
用算式：暗燈數＋亮燈數＝60 表示
燈籠亮的多時，暗的就少

暗燈數(個)	10	15	20	48	54	57
亮燈數(個)	50	45	40	12	6	3
合計	60	60	60	60	60	60

作答說明

學童利用表格算出燈籠的和都是60，用算式 暗燈數＋亮燈數＝60 表示，並且發現兩量和不變時，一量多時、另一量就少的關係。

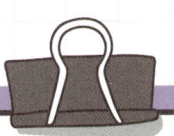

正確例二

乖乖

$50 \div 10 = 5$　　$45 \div 15 = 3$　　$12 \div 48 = \dfrac{1}{4}$

倍數都不同，燈籠的總數量會改變

所以不可能用算式：亮燈數×□倍的算式

作答說明

學童依據奇奇的說法判斷燈籠亮燈數與暗燈數的數量，發現並不是固定的倍數關係，表示燈籠數量會一直改變，不可能用亮燈數×□倍的算式。

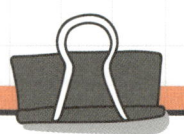

回答錯誤一

奇奇正確

暗	10	15	20	48	54	57
亮	50	45	40	12	6	3

都有倍數關係，50是10的5倍，40是20的2倍
45是15的3倍，54是9的6倍，48是12的4倍
都是倍數

作答說明

學童觀察表格燈籠亮燈數與暗燈數的個數，並用大數除以小數的方式，發現都呈現整數倍關係，並未發現兩量和不變的規律，因此認為奇奇的說法是正確的。

回答錯誤二

2人都對

奇奇說有倍數是對的,因為有5倍、2倍和3倍
乖乖說可以用亮燈數＋暗燈數表示也可以
因為加起來都是60,所以都對

作答說明

學童同時判斷奇奇和乖乖的說法,並擷取部分的訊息觀察數量之間的關係,認為2人的說法都正確。

30 年齡不是問題

老師出了一道數學題：「妹妹今年10歲，媽媽34歲，當媽媽年齡是妹妹年齡的4倍時，2人各是幾歲？」

下面是純純的作法：

34－10＝24
24÷4＝6
6＋24＝30

答：妹妹6歲，媽媽30歲

老師說純純的作法有錯，請你找出純純錯誤的地方，並說明你的作法。

請你找出純純錯誤的地方：

我的作法：

教授的留言板

　　學童學習年齡問題，首先要知道題目中在探討哪兩個人的年齡，以及認識這兩個人的年齡特性，就是現在、過去、未來的年齡差都一樣，例如：爸爸現在40歲、大寶12歲，五年前爸爸是35歲、大寶是7歲，三年後爸爸是43歲、大寶是15歲，永遠都相差28歲；這類的問題稱為「差不變」。很多學童的困難在於不能掌握年齡差不變的特性，並將這特性和題意做連結，找到解題的重要訊息；親師應引導他們會用圖示或列表，來掌握解題的重要訊息。本題的評量目標在瞭解學童對年齡問題的掌握，以及他們的解題思維和方式。

學童作答舉隅

正確例一

$24 \div 4 = 6$

把妹妹當作1倍,媽媽是4倍
所以相差3倍,應該是 $24 \div 3 = 8$
$8 + 24 = 32$ 妹妹8歲,媽媽32歲才正確

妹妹 |—1倍—|
媽媽 |—|—|—|—| 相差24歲
(4−1)倍

作答說明

學童能利用基準量與比較量的關係,將妹妹的年齡當作基準量1倍,並用圖示表徵兩量的倍數差是3倍,年齡差不變都是24歲,得知正確答案妹妹是8歲,媽媽是32歲。

正確例二

$24 \div 4 = 6$

妹妹6歲,媽媽30歲,是5倍的關係,不是4倍

媽媽的年齡	26	28	30	32	34
妹妹的年齡	2	4	6	8	10
倍數	13	7	5	4	3.4

作答說明

學童從純純的答案推知30是6的5倍,與題目中的4倍不符合,並利用表格推理前後2歲的倍數關係,找到媽媽的年齡32歲,妹妹的年齡8歲。

部分正確

$24 \div 4 = 6$

妹妹6歲，媽媽30歲是錯的
6歲的5倍是30歲，不是4倍。

作答說明

學童能圈出算式中錯誤的地方，並從純純的答案推知30是6的5倍，與題目中的4倍不符合，但是並未清楚說明妹妹和媽媽正確的年齡是幾歲。

回答錯誤

$34 - 10 = 24$
$24 \div 4 = 6$
$6 + 24 = 30$

→

$10 \times 4 = 40$
$40 - 24 = 16$

作答說明

學童圈出純純全部的算式，並擷取題目中「妹妹年齡的4倍」的訊息進行解題，算出媽媽的年齡是40歲，再用年齡差求算妹妹的年齡為16歲。

31 平均存多少錢

哥哥想要存錢買溜冰鞋,他每個月的零用錢是1000元,前三個月平均一個月存800元,他希望四個月平均存的錢可以達到900元。

你覺得哥哥四個月平均存的錢可以達到900元嗎?請寫出你的想法。

你覺得哥哥四個月平均存的錢可以達到900元嗎？

我的想法：

教授的留言板

學童在國小階段學習的平均問題，它的概念不同於國中階段的算術平均數（簡稱平均數）；前者是透過各數量的增或減調整成一樣多，而後者只是在找這些資料的代表數，不是真的透過操作將各數量變成一樣多，但這兩者的計算方法相同。典型的平均數問題就是在求平均值，例如：美美和好朋友們去郊遊，她付了交通費340元、明明付了門票費480元、麗麗付了餐點費500元、亮亮付了飲料費240元，他們要平均分攤費用，每人應付多少元？平均問題還可以從這典型例進一步來探討，誰還要拿出多少元？誰還可拿回多少元？這些都是課本上常見的例行性問題；但本題是非例行性的建構反應題，學童需要有平均問題的概念，並利用題目中的訊息來進行解題。

主題三：關係

學童作答舉隅

正確例一

不可以

800 → 900　　800 → 900　　800 → 900　　1000 → 900
　少100　　　　少100　　　　少100　　　　多100

哥哥前三個月與900元相比，每個月少存100元，共少存300元
第四個月存1000元比900元還多100元，不夠200元

作答說明

學童從前三個月存的錢與平均存的錢的差量作比較，在不夠與多出的情況下，要達到四個月平均存錢900元還差200元，因此判定不能達到。

正確例二

不可以

900×4=3600
800×3=2400
3600−2400=1200

作答說明

學童算出四個月平均900元所需存的金額，再算出哥哥前三個月所存的金額，兩者之間相差1200元，表示哥哥第四個月要存1200元才能使四個月平均存的錢達到900元，而零用錢只有1000元，所以不可能達到。

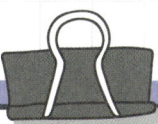

正確例三

不可以

800×3=2400
2400+1000=3400
3400÷4=850

作答說明

學童先算出前三個月存的錢，加上第四個月的1000元，再平分於四個月中，發現每個月平均須存850元，因此無法達到900元。

回答錯誤一

可以

800 × 3 = 2400
2400 − 900 = 1500

作答說明

學童不理解平均概念，依照題目訊息解題，先將哥哥前三個月存的錢金額算出，誤認平均存的錢為單月的存錢金額而進行減法運算，認為剩下的錢是夠的。

回答錯誤二

可以

1000×4=4000
800×3=2400
2400+900=3300
4000−3300=700

作答說明

學童未具有平均的概念，擷取題目中的訊息及數字進行運算，先算出四個月的零用錢金額，再扣掉要存的錢，認為剩餘的金額還夠。

32 婚宴派對

小達參加朋友的婚宴,婚宴的座位排列如下圖(圖一、圖二),座位是依據報名的先後順序拿號碼牌入座,號碼是依桌次及英文字母ABCDEF的順序安排;小達拿到的號碼牌是58號,他坐在第9桌B的位置,你覺得小達的座位正確嗎?請把你的理由寫出來。

A	C	E
第1桌		
B	D	F

(圖一)

A	C	E
第2桌		
B	D	F

(圖二)

………

………

你覺得小達的座位正確嗎?

我的理由：

教授的留言板

　　學童學過二維數形等規律，通常有縱向、橫向兩個維度的資訊；但二維也可以有不一樣的表徵，例如：數字的增長是一維、字母的規律是一維，從非例行性的問題來瞭解學童能否掌握二維規律？學童對二維規律問題較一維規律難察覺，若不能察覺規律的變化，對解題就會產生困難。親師應引導學童觀察題目中已知的訊息，出現了哪些數字、圖示、符號、……，它們之間有什麼關聯？有什麼規律？再將這些規律用算式表示，用這算式的想法來推算未知且待求解的問題。本題就是非典型的二維規律問題，看看學童能否解決生活中跟規律有關的建構反應題？

主題三：關係

學童作答舉隅

正確例一

不正確

滿6人坐1桌，第10桌D才對
58÷6＝9…4，9＋1＝10
小達應該坐在第10桌
依照ABC[D]EF的順序，第四個是D

作答說明

學童從圖示中知道1桌可坐6個人，號碼牌58代表已有58人參加，用除法算式算出58÷6＝9…4，說明已坐滿9桌，所以是第10桌的第四個位置，依據英文字母的順序是D的位置。

正確例二

小達坐錯了

1桌可坐滿6人
6×10＝60，60－58＝2
60號是第10桌的F
58號是F往前推2個就是D

A	C	E59
	第10桌	
B	D58	F60

作答說明

學童知道10桌可坐滿60人，用畫圖說明60號在第10桌F的位置。58號同樣在第10桌，從F往前推2個位置就是D，所以判斷小達坐的位子是錯的，對於數字及位置排列的規律清楚。

部分正確

小達坐錯了

是第10桌
6×9＝54，55號是第10桌的第一個位子
58號是第10桌的第四個

作答說明

學童知道1桌可坐6人，55號開始是第10桌的第一個，依此類推58號是第10桌的第四個位子，雖然對於數字及位置排列的規律具有概念，但未明確指出第四個位子是英文字母的哪一個，說明理由不完整。

回答錯誤一

小達的座位是對的

58÷6＝9…4，9桌第四個就是B

A1	C2	E3
第10桌		
B4	D5	F6

作答說明

學童用除法算式算出答案為9餘4，認為是第9桌第四個，並以圖示說明第四個位子是B；忽略滿9桌只有54人，而第55人是第10桌的第一個位子A，依序58號是在D的位子，而非B。

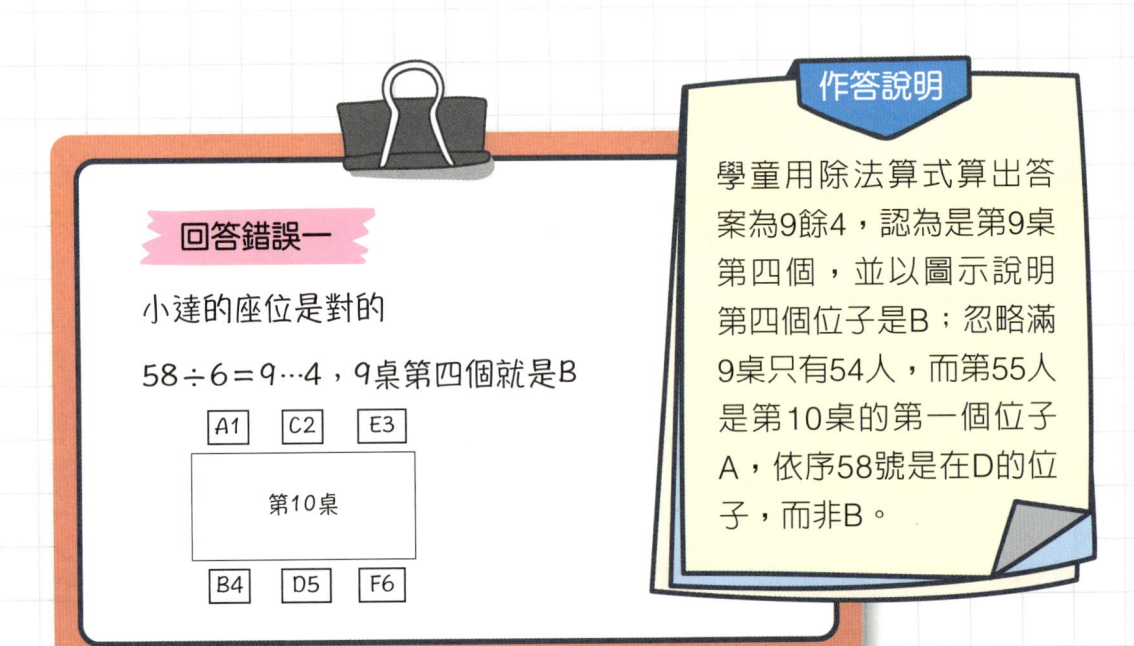

回答錯誤二

小達的座位是對的

只是要將B改掉成D，B是錯的

作答說明

學童雖然指出B的位子錯誤應該是D，但是未清楚說明為何是D，且認為小達的桌號是正確的，對於數字及位置排列的規律尚未建立。

主題四

圖形與空間

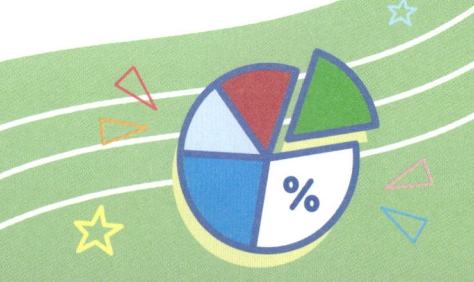

33 正確放大了嗎

數學課時老師出了一個任務,請全班同學在作業簿上畫出甲的放大圖(如圖一),下面是小華和芳芳畫的放大圖(如圖二和圖三)。

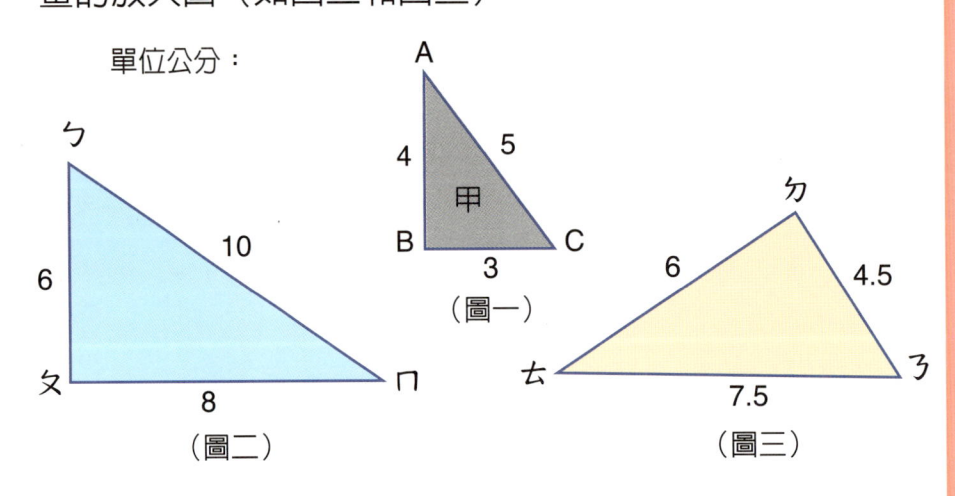

單位公分:

圖一:直角三角形甲,AB=4,BC=3,AC=5

圖二:三角形ㄅㄆㄇ,ㄅㄆ=6,ㄆㄇ=8,ㄅㄇ=10

圖三:三角形ㄉㄊㄋ,ㄉㄊ=6,ㄊㄋ=7.5,ㄉㄋ=4.5

哪一個人畫的放大圖是正確的?請說明你的想法。

哪一個人畫的放大圖是正確的？

我的想法：

教授的留言板

　　學童從直觀來認識放大、縮小圖，它們和原圖都是相似圖形，不是全等圖形；他們先從方格紙上觀察對應邊、對應角的關係，再從無方格紙上透過測量來瞭解對應邊、對應角的關係。原圖的放大圖或縮小圖，它們的對應邊有一致性的變化，對應角也有一致性的變化。學童要找到這些對應邊、對應角的關係，首先要確認圖形的相似關係，才能掌握哪些是對應邊、哪些是對應角；他們需要仔細觀察，有時也需要藉由心像的平移、旋轉、翻轉等確知。本題評量的目標是想瞭解學童的放大圖概念，他們是如何判斷題目中的問題？

學童作答舉隅

正確例一

2個都正確

∠A的對應角有∠ㄇ和∠ㄊ
∠B的對應角有∠ㄆ和∠ㄅ
∠C的對應角有∠ㄅ和∠ㄋ
對應角的角度一樣大，
小華的圖邊長是甲圖的2倍
芳芳的圖邊長是甲圖的1.5倍

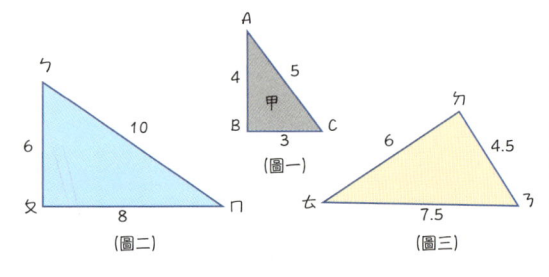

（圖一）甲：A、B、C，邊長 4、5、3
（圖二）ㄅ、ㄆ、ㄇ，邊長 6、10、8
（圖三）ㄉ、ㄊ、ㄋ，邊長 6、4.5、7.5

作答說明

學童利用對應角相等，對應邊成倍數關係，分別是2倍及1.5倍，因此判斷小華的圖是2倍放大圖，芳芳的圖是1.5倍放大圖，都是正確的放大圖。

正確例二

2個都正確

我用甲圖去和其他2個圖作比較
4.5 ÷ 3 = 1.5
7.5 ÷ 5 = 1.5
6 ÷ 4 = 1.5
小華的圖放大2倍
芳芳的圖放大1.5倍

(圖二)

(圖三)

作答說明

學童複製甲圖與2個圖進行比對，察覺對應角相同，對應邊分別是2倍與1.5倍的長，認為小華與芳芳畫的放大圖都是正確的。

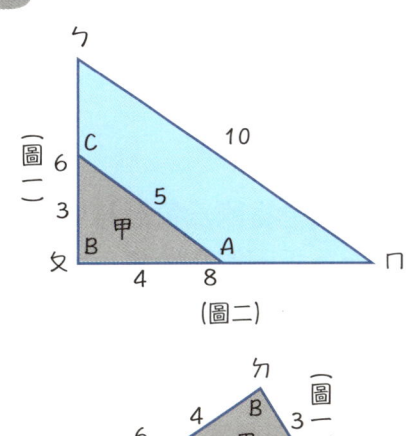

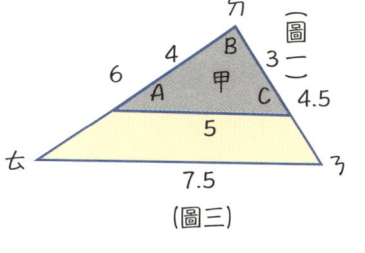

回答錯誤一

小華是正確的

因為他畫的三角形和甲圖一樣
而且把圖擺在一起，10是5的2倍

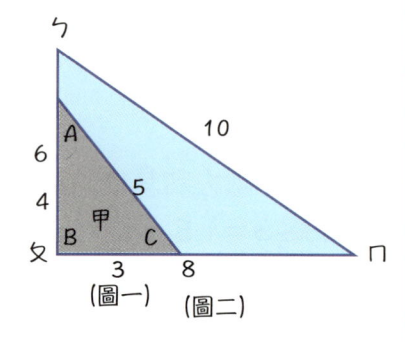

（圖一）（圖二）

作答說明

學童直觀的從圖形的擺放方向認為小華畫的圖和甲圖相似，再複製甲圖與其疊合後，只擷取其中1條邊長10公分，剛好是5公分的2倍，因此判斷小華畫的圖才是正確的放大圖，忽略另外2條邊長的對應邊錯誤。

回答錯誤二

2個人都畫錯了

6÷4＝1.5　　8÷3＝2…2　　10÷5＝2

4.5÷5＝0.9　　6÷4＝1.5　　7.5÷3＝2.5

(圖一) (圖二) (圖三)

作答說明

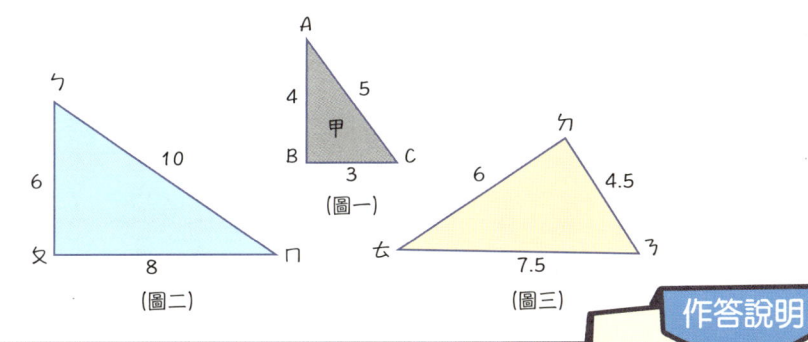

學童利用算式算出6個邊長的關係，發現都沒有相同的倍數，認為2個人畫的圖都不是正確的放大圖。

34 迷你版高塔

哈里發塔（杜拜塔）是世界目前最高的建築物，高約800公尺，叔叔從杜拜旅遊回來送給奇奇一張明信片，奇奇量了明信片中哈里發塔的高度（如圖一）。

奇奇說：「明信片中的哈里發塔是縮小圖，我可以用 $\frac{1}{100}$ 比例尺表示。」

你認為奇奇的說法正確嗎？請寫出你的想法。

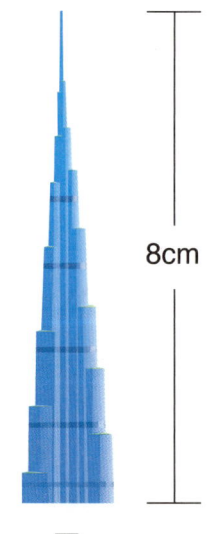

8cm

圖一

你認為奇奇的說法正確嗎？

我的想法：

教授的留言板

　　學童在平面圖形的學習，先認識三角形、正方形、長方形、圓形等基本圖形，再認識平行四邊形、梯形、菱形等；還會學習這些圖形的構成要素，以及平行、垂直、對稱、相似等性質。學童也會學習長度（邊長、周長）、面積等概念，從直觀認識、直接比較、間接比較（個別單位），到普遍單位的比較、測量、換算等，接著就是圖形的縮圖和比例尺。學童先從直觀看到大、小相同的圖片，建立初步的放大、縮小概念，再於方格紙上探討這些圖形的邊長、面積變化；最後從沒有方格的紙上，測量邊長、求算面積，來確認放大或縮小圖和原圖的關係。當學童進一步瞭解縮圖和原圖上直線段的關係，就可用比例尺概念來表示；本題就在瞭解學童對比例尺概念的掌握，能否知道原圖和縮小圖的高度關係？

主題四：圖形與空間

學童作答舉隅

正確例一

不正確

如果比例尺是 $\frac{1}{100}$

800公尺的 $\frac{1}{100}$ 是8公尺才對

不是8公分

作答說明

學童利用奇奇說的比值 $\frac{1}{100}$，算出縮小後的哈里發塔高度是8公尺，與明信片上呈現的高度8公分不符，因此推斷奇奇說法不正確。

正確例二

不正確

8公分：800公尺
=8公分：80000公分
=1：10000

作答說明

學童利用地圖上高度與實際高度關係，求出比是1:10000，得知比值是 $\frac{1}{10000}$，判斷奇奇說的比例尺 $\frac{1}{100}$ 是錯的。

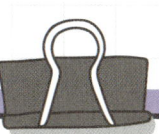

正確例三

不正確

地圖上的長度÷實際長度
800公尺＝80000公分
$8 \div 80000 = \dfrac{1}{10000}$

作答說明

學童將實際高度的單位公尺換成公分，利用圖上高度與實際高度關係，得知比值是 $\dfrac{1}{10000}$，與奇奇所描述的比例尺 $\dfrac{1}{100}$ 不相符。

部分正確

不正確

800公尺＝8000公分
8000÷8＝1000

作答說明

學童知道地圖上的長度與實際長度的關係，因此求出比值進行判別，但是將800公尺換為公分時，誤植為8000公分，因此算出錯誤的比值是 $\dfrac{1}{1000}$。

回答錯誤

正確

800÷8＝100
是100倍的關係

作答說明

學童從題目中的數值以除法算式算出100的關係，卻忽略2個單位不同，應該先換成同單位再進行計算，因此誤認為奇奇的說法正確。

主題四：圖形與空間

35 親子活動路線

　　為了慶祝祖孫節的來臨，里長要在陽光草坪舉辦100公尺親子滾球接力比賽，依照下圖的比例尺，請判斷 A、B、C 3條路徑中，哪一條剛好是里長規劃的比賽路線？請說明你判斷的理由。

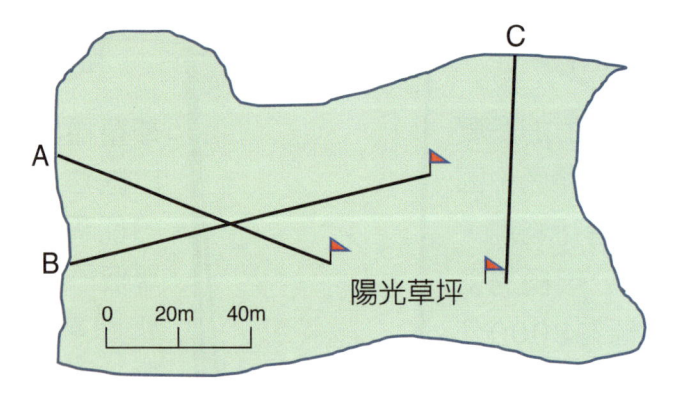

哪一條剛好是里長規劃的比賽路線？

我判斷的理由：

教授的留言板

　　學童的比例尺概念必須要清楚是誰跟誰比，還要能看懂比例尺，才能知道原物件、縮小物件的長度；當然，兩者長度的單位要能確知，原物件和縮小物件的長度才會正確得知。學童學習的比例尺，通常有多種表徵方法，例如：原物件長度是圖片上縮小物件長度的100倍，在圖片上標注$\frac{1}{100}$、1:100、……；他們從比例尺，以及圖片上的縮小物件長度10公分，也可推知原物件的長度是1000公分。本題具有很生活化的情境，也是學童們實際可能碰到的問題；但他們對題目中縮小物件長度的掌握，需要自己去尋求，才能正確的來進行解題。

主題四：圖形與空間

學童作答舉隅

正確例一

B

$100 \times \frac{1}{20} = 5$

實際長度100公尺，地圖上就是5公分，我用尺量B剛好是5公分

作答說明

學童知道地圖上的長度與實際長度的關係，利用比值計算出地圖上的長度是5公分，再用尺測量B的長度剛好是5公分。

正確例一

B

1格是20公尺，
我用比例尺去量B的長度，
剛好是5格，
代表實際的長度100公尺

作答說明

學童理解比例尺的意義，知道地圖上的1公分實際長度是20公尺，並利用地圖上的比例尺作為測量工具，測量3條路線，B的長度是5格，實際長度就是100公尺，符合親子路線的長度。

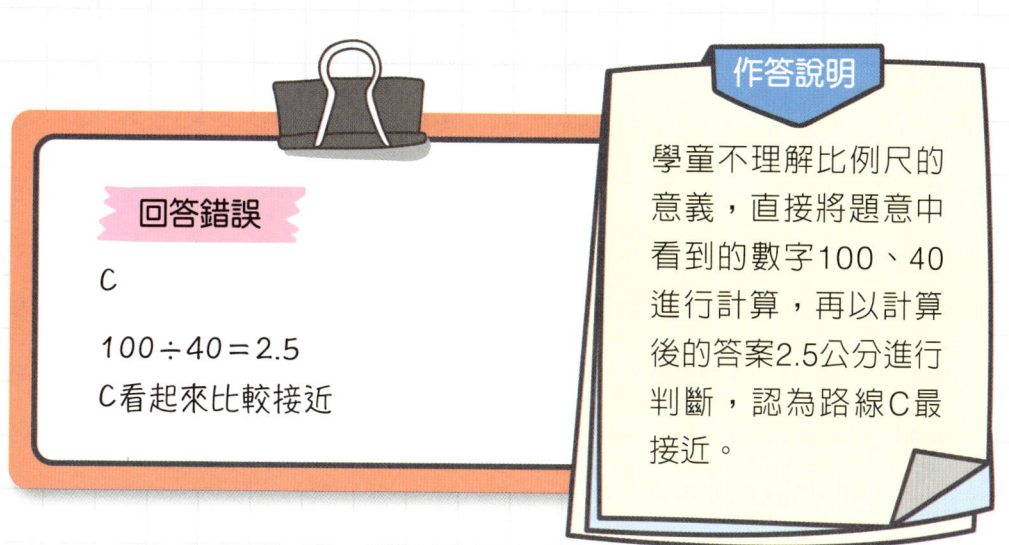

部分正確

A

20：100

＝1：5

1公分表示20公尺

作答說明

學童利用比找出圖上的長度與實際長度是1：5的關係，也就是100公尺在地圖上要畫5公分的長度，但是測量後卻誤植答案為A。

回答錯誤

C

100÷40＝2.5

C看起來比較接近

作答說明

學童不理解比例尺的意義，直接將題意中看到的數字100、40進行計算，再以計算後的答案2.5公分進行判斷，認為路線C最接近。

36 自行車環島

萌萌一家人想要利用假期規劃自行車環島，萌萌用比例尺圖示畫出新竹市到彰化市的直線距離（如圖一），哥哥則是畫出花蓮到礁溪的直線距離（如圖二）。

圖一：05/13 Day2 新竹市 - 彰化市

圖二：05/20 Day9 花蓮市 - 宜蘭礁溪

萌萌說：「我發現新竹市到彰化市和花蓮到礁溪實際的直線距離是相同的。」

你覺得萌萌的說法正確嗎？請寫出你的想法。

你覺得萌萌的說法正確嗎？

我的想法：

教授的留言板

　　學童在比例尺的學習，最常見的迷思概念是「兩個縮小物件的長度一樣，它們原物件的長度也一樣」，反之亦然。親師可設計認知衝突的教學，例如：兩個原物件長度一樣，或兩個縮小物件長度一樣，但比例尺的比例不同，進而分別由原物件探討縮小物件，或由縮小物件探討原物件的長度，協助他們透過一些測量和操作活動，來澄清觀念不足和錯誤之處。學童習慣於按照例行性問題的題意和數字直接解題，不習慣於題目上沒有數字的問題；更何況本題是非例行性的建構反應題，他們需要自行從題目中找到重要解題訊息，以判斷比例尺有關的問題。

學童作答舉隅

正確例一

0 18 36
|━━|━━| km

0   18
|━━━━| km

不正確

萌萌的比例尺圖示1格表示實際是18公里
哥哥的比例尺1格實際是9公里

作答說明

學童察覺圖上2個比例尺1格的長度相同，雖然在地圖上的距離是相同格數，但是2個比例尺圖示代表的長度不同，能清楚解釋2個比例尺圖示在地圖上的長度與實際長度所表徵的意義。

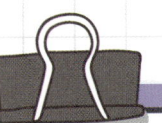

正確例二

不正確

18×6＝108

9×6＝54

新竹市到彰化的實際距離比較遠

作答說明

學童用算式將實際的直線距離算出來，發現新竹市到彰化的實際距離是108公里，比花蓮到礁溪的實際距離54公里還遠。

部分正確

不正確

雖然圖上格子一樣是6格，但是長度不一樣

作答說明

學童雖然知道圖上比例尺表徵的格子數一樣，但是實際距離長度不同，其說明理由不完整，並未清楚敘述為何實際距離不一樣，或者從比例尺圖示所表徵的意義去解釋。

回答錯誤一

正確

因為兩地的比例尺是6格，所以距離是一樣的

作答說明

學童只關注兩地之間比例尺圖示的格子數，格子數都是6格，認為距離是相同的，卻忽略每一格所表示的長度不同，因此錯誤回答萌萌的說法正確。

回答錯誤二

正確

因為比例尺1格都是18 km，所以距離相同

作答說明

學童觀察比例尺圖示上的數字都有18，誤以為每一格表示的距離都相同，卻未察覺哥哥畫的比例尺圖示是2格18公里，1格是9公里才是正確的。

37 張爺爺的農地

張爺爺有甲、乙兩塊長方形的農地（如下圖），在不同比例尺下平面圖上的兩塊農地面積都是24平方公分，實際面積哪一塊比較大呢？請說明你的想法。

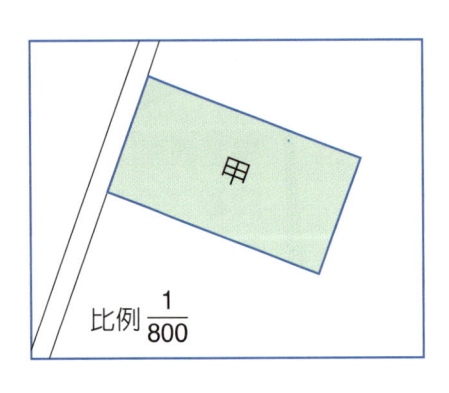

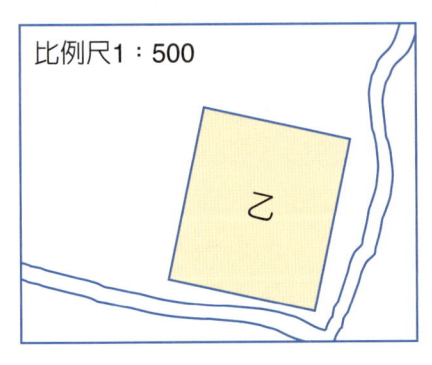

甲　比例 $\frac{1}{800}$

乙　比例尺1：500

==實際面積哪一塊比較大呢?==

我的想法:

教授的留言板

　　學童認識縮小和放大圖後,會進一步學習比例尺概念,它包括比例尺表徵外,還可探討原長方形、縮小長方形兩者之間邊長、周長、面積的對應關係。學童的概念若未確實到位,只用死背或強記是會出錯的,他們往往會混淆一維量、二維量的變化關係,例如:邊長縮小 $\frac{1}{10}$、周長也縮小 $\frac{1}{10}$、面積也縮小 $\frac{1}{10}$。親師設計比例尺概念的相關問題,常常會讓學童從縮小圖上正方形或長方形的邊長,以及標示的比例尺,求算原圖形的邊長、面積等。本題評量目標是想瞭解學童的比例尺概念,他們能否解決題目中有關面積的問題?

主題四:圖形與空間

學童作答舉隅

正確例一

甲比較大

$\frac{1}{500} > \frac{1}{800}$

比值越小，表示圖被縮得越小，所以甲圖實際面積比較大

作答說明

學童利用比值進行比較，知道比值的分母越大，表示分數越小，圖縮得越小，所以甲圖的比例尺 $\frac{1}{800}$ 比 $\frac{1}{500}$ 小，但實際面積則是比較大。

正確例二

甲農地比較大

甲圖的比例尺是1：800
乙圖的比例尺是1：500
甲在地圖上1公分實際長度是800公分，乙圖則是500公分，所以實際面積甲大

作答說明

學童將兩圖的比例尺都以比的方式呈現，察覺地圖上的1公分與實際長度的關係，甲圖是800倍，乙圖是500倍，因此判定甲圖面積比較大。

正確例三

甲比較大

$500 \div 800 = \dfrac{5}{8}$

甲圖縮小 $\dfrac{5}{8}$ 倍後的面積與乙圖相同，所以甲圖實際面積比較大

作答說明

學童從比例尺1：500與1：800發現為倍數關係，甲圖是乙圖的 $\dfrac{5}{8}$ 倍縮小圖，在縮小 $\dfrac{5}{8}$ 倍的情況下，平面圖上面積相同，但實際面積則是甲比較大。

部分正確

甲比較大

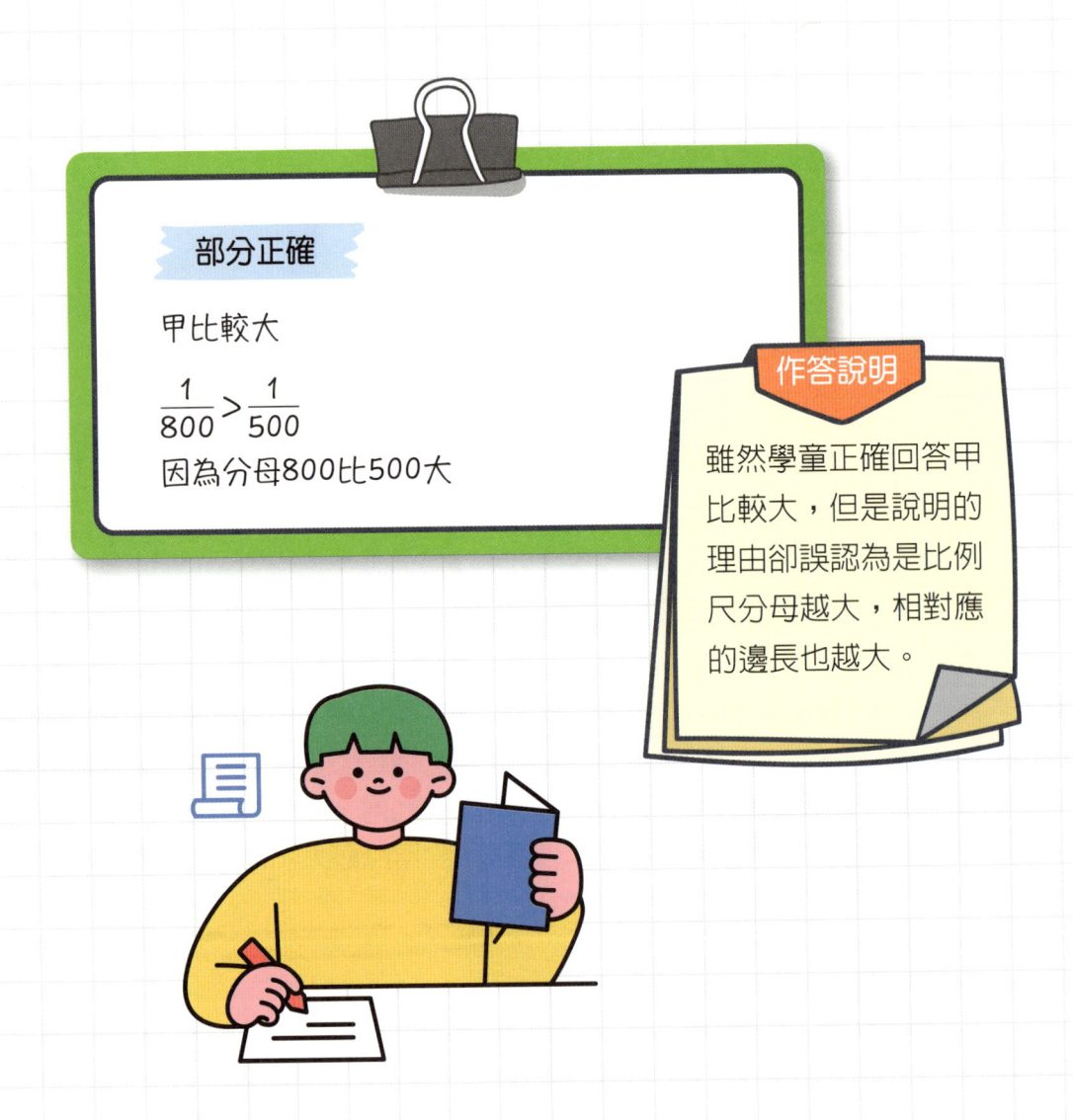

$\dfrac{1}{800} > \dfrac{1}{500}$

因為分母800比500大

作答說明

雖然學童正確回答甲比較大，但是說明的理由卻誤認為是比例尺分母越大，相對應的邊長也越大。

回答錯誤一

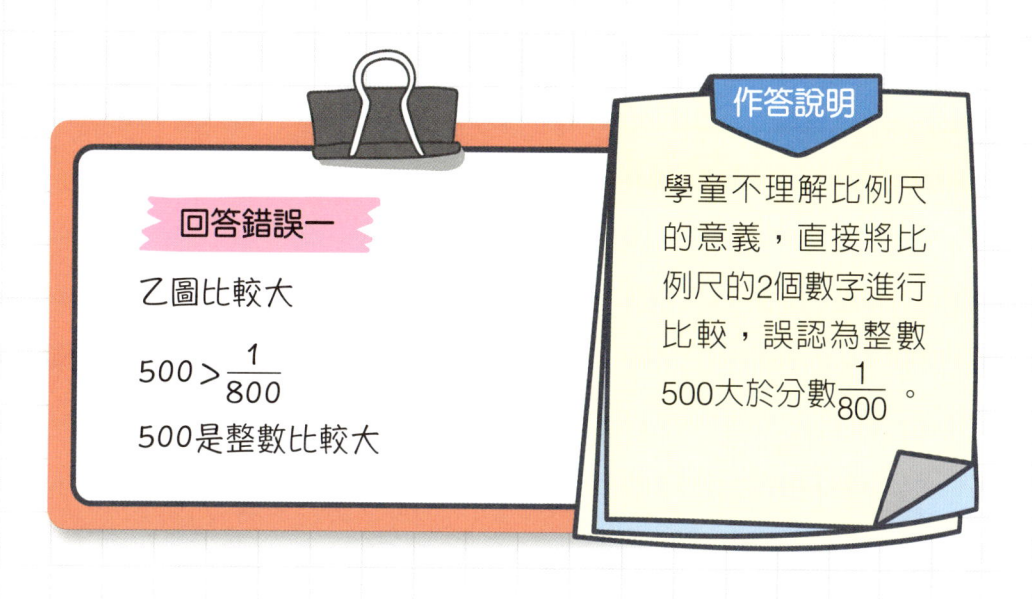

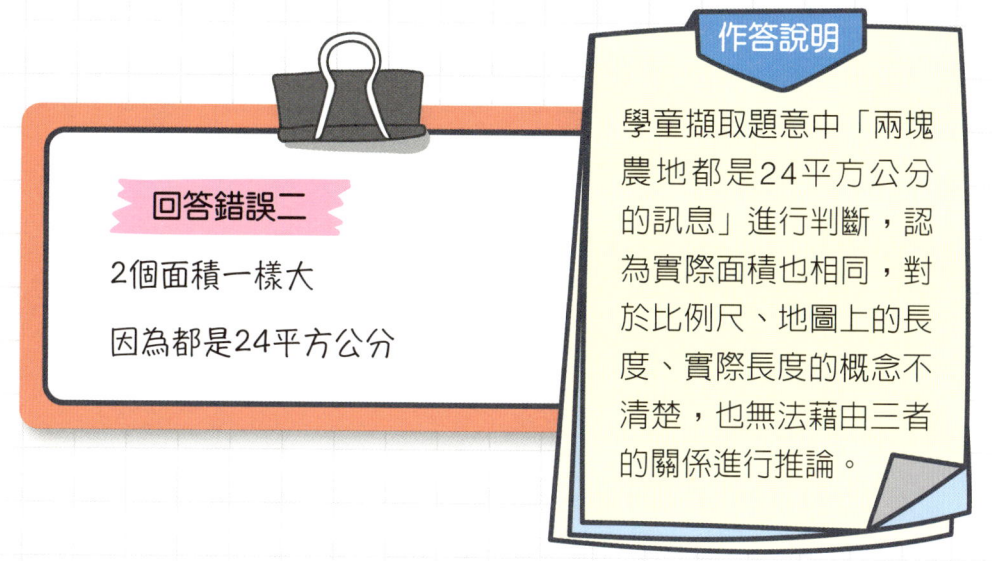

乙圖比較大

$500 > \frac{1}{800}$

500是整數比較大

作答說明

學童不理解比例尺的意義,直接將比例尺的2個數字進行比較,誤認為整數500大於分數$\frac{1}{800}$。

回答錯誤二

2個面積一樣大

因為都是24平方公分

作答說明

學童擷取題意中「兩塊農地都是24平方公分的訊息」進行判斷,認為實際面積也相同,對於比例尺、地圖上的長度、實際長度的概念不清楚,也無法藉由三者的關係進行推論。

38 量量看有關係唷

老師出了回家作業，內容是測量三種物品圓周長和直徑（半徑），小采實際操作後並記錄完成下表：

物品名稱	盤子	便當盒	膠帶捲
直徑或半徑	直徑30公分	直徑14公分	半徑5公分
圓周長	94.22公分	33.24公分	31.45公分

哥哥看了作業後說：「有一樣物品的數字很明顯量錯了。」

請你找出測量錯誤的物品，並說明你判斷的理由。

請找出測量錯誤的物品：

我判斷的理由：

教授的留言板

　　學童認識圓的圓心、半徑、直徑、圓周後，也會在正方形、長方形、平行四邊形、三角形、梯形等面積教學後，就會透過多個圓形或圓柱物體，測量有關圓的圓周、直徑操作活動，進行圓周率的探討，爾後他們會接著學習圓面積的求算。親師應瞭解，經由測量活動探討的圓周率，它一定有誤差；誤差來源可能是由被測量物、測量工具、報讀來產生，只要結果在合理範圍即可。親師在圓周率的探討活動之後，可以告訴學童測量有誤差，圓周率是接近3的近似值，通常會用二位小數來表示；若學童未有操作活動的深刻經驗，往往會弄錯圓周、圓周率的關係，究竟是跟半徑，還是直徑有關。本題就在評量學童對圓周、直徑、半徑、圓周率概念的掌握，能否解決題目中所要探討的問題？

主題四：圖形與空間

學童作答舉隅

正確例一

便當盒

圓周長是直徑的3.14倍，我用3倍估算
94是30的3倍多
33是14的2倍多
31是10的3倍多

作答說明

學童知道圓周長是直徑的3.14倍，圓周率以3倍作為估算值，便當盒的直徑是14公分，圓周長大約是42公分，小采量的長度是33公分，明顯錯了。

正確例二

便當盒

物品名稱	盤子	便當盒	膠帶捲
直徑或半徑	直徑30公分	直徑14公分	半徑5公分
圓周長	94.22公分	33.24公分	31.45公分

盤子與便當盒之間為 $\frac{1}{2}$，盤子與膠帶捲之間為 $\frac{1}{3}$

$\frac{1}{2}$ 是47.11公分　　$\frac{1}{3}$ 是31.41公分

作答說明

學童觀察三樣物品的直徑長度之間有倍數關係，周長也會呈現相同倍數。便當盒的直徑大約是盤子的 $\frac{1}{2}$ 倍，膠帶捲直徑是盤子的 $\frac{1}{3}$ 倍；但是周長只有便當盒不是呈現相同的倍數，所以判斷便當盒的數字量錯了。

正確例三

便當盒

94.22 ÷ 30 = 3.14
33.24 ÷ 14 = 2.37
31.45 ÷ 10 = 3.14

作答說明

學童用除法算式算出圓周率，發現只有便當盒不是3.14倍，而是2.37倍，明顯直徑與周長的數字有誤。

回答錯誤

膠帶捲

31.45 ÷ 5 = 6.29
其他都是2倍多或3倍，
只有膠帶捲是6倍差最多

作答說明

學童誤將半徑視為直徑，直接用算式將膠帶捲的周長除以半徑，得到數值6.29，與其他的答案相差甚遠，因此判定膠帶捲的數字有誤。

主題四：圖形與空間

39 滾鐵圈

　　滾鐵圈是許多人兒時的回憶，也是有趣的遊戲之一（如下圖），製作鐵環的材料是使用鐵線或銅線。張爺爺要製作半徑15公分的鐵圈，送給孫子玩，目前家裡只剩下長48公分、90公分和95公分三種不同長度的鐵線。

　　張爺爺可以選擇哪些長度的鐵線？請說明你是如何判斷的。

張爺爺可以選擇哪些長度的鐵線？

我判斷的理由：

教授的留言板

　　學童對直徑、半徑、圓周率、圓周長的相關問題，習慣按照課本問題中提供的數字，直接計算來求解；因為，課本的例行性問題是為了讓他們能熟悉這些概念，然而他們用這種題型來評量學童，並不知道他們概念的到位程度，也不確知運用的靈活程度。學童最常見的錯誤，就是不論題目中提供的是直徑或半徑，都是直接用來乘以圓周率求算周長；他們會背公式但不理解，當碰到直接求算答案正確時，就以為有概念；碰到直接求算為錯誤時，就以為不小心。親師應利用非例行性的建構反應題，來確認學童的學習狀況；本題是生活情境的相關問題，他們要觀念清楚才能正確解題。

主題四：圖形與空間

學童作答舉隅

正確例一

95公分

半徑15公分，直徑是30公分，圓周率是3.14用3倍估算，圓周長大於90公分以上就可以，95公分可以

作答說明

學童利用估算的方式，將圓周率以3作為估算值進行判斷，只要圓周長大於90公分以上都可以選擇，因此判斷95公分符合條件。

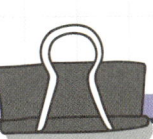

正確例二

95公分

90÷3.14≈28.66
95÷3.14≈30.25
半徑15公分，直徑30公分

作答說明

學童運用周長與圓周率的關係推算直徑，發現95公分的鐵線才夠作出半徑15公分的鐵圈。

正確例三

95公分

30×3.14＝94.2
95＞94.2

作答說明

學童將圓周率以3.14計算圓周長，算出鐵圈的長度約為94.2公分，大於此長度的鐵線都可以選擇。

主題四：圖形與空間

部分正確

90和95

半徑15公分，直徑是30公分
30公分的3倍是90公分
所以90、95都可以

作答說明

學童利用估算的方式，將圓周率以3作為估算值進行判斷，但忽略長度需大於90公分而非等於90公分。

回答錯誤一

全部都可以

15×3.14＝47.1

只要比47公分多的都可以

作答說明

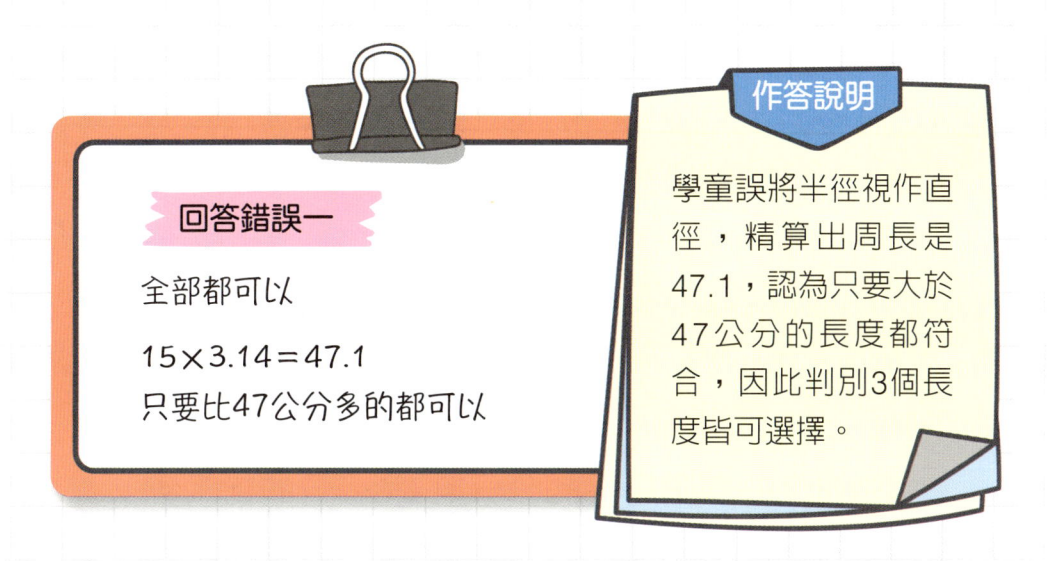

學童誤將半徑視作直徑，精算出周長是47.1，認為只要大於47公分的長度都符合，因此判別3個長度皆可選擇。

回答錯誤二

只有48公分可以

15×3＝45

48公分就夠了

作答說明

學童誤將半徑15公分當作直徑，並用估算的方式算出圓周長是45公分，認為48公分最接近答案，其長度剛好可製作鐵圈。

40 生日蛋糕

姐姐做了一個圓周長85公分且高6公分的布丁蛋糕,他想要將蛋糕裝在底面是正方形,周長100公分且高8公分的長方體盒子中,送給朋友當作生日禮物,蛋糕可以放得進盒子嗎?請說明你的理由。

蛋糕可以放得進盒子嗎？

我的理由：

教授的留言板

　　學童已認識了長方體的長、寬、高，以及體積公式，只從長、寬可以瞭解底面的形狀和大小，從三個維度可知道六個面的形狀和大小，它們合起來就是表面積。學童認識半徑、直徑、圓心，學習了圓周率後，他們不能只會用來求算圓周長、圓面積等。學童在生活中會碰到不少跟圓相關的情境，例如：較小的6吋披薩、較大的12吋披薩、……；網路上曾有一個很好的問題：「兩個6吋披薩和一個12吋披薩，一樣大嗎？」這也可設計成非例行性的建構反應題。本題就是想瞭解學童對圓形蛋糕的圓周長和高、長方體的底面周長和高，這兩者的掌握程度為何？他們能否用這些觀念來解決問題？

主題四：圖形與空間

學童作答舉隅

正確例一

不可以

正方形的邊長 100÷4＝25
直徑25公分，25×3＝75
圓周長就已經75公分
只要大於75公分的就裝不下

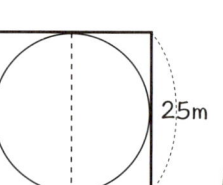

25m

作答說明

學童透過正方形周長推算出邊長，並用畫圖表示正方形邊長就是蛋糕的直徑25公分；接著以估算方式得知蛋糕周長不可超過75公分，而姐姐做的蛋糕周長是85公分，所以一定裝不下。

正確例二

不可以

85÷3.14＝27
100÷4＝25
27＞25

作答說明

學童分別以周長推算出正方形底面的邊長和蛋糕的直徑，發現蛋糕的直徑27公分大於盒子底面的邊長25公分，因此判斷盒子裝不下蛋糕。

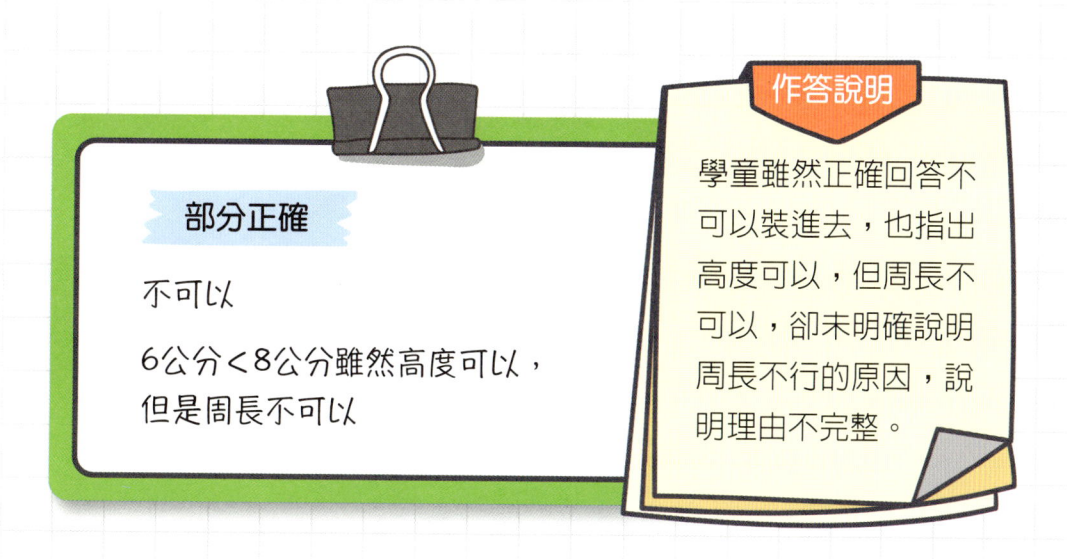

部分正確

不可以

6公分＜8公分雖然高度可以，但是周長不可以

作答說明

學童雖然正確回答不可以裝進去，也指出高度可以，但周長不可以，卻未明確說明周長不行的原因，說明理由不完整。

回答錯誤

可以

因為周長85＜100，高度6＜8

作答說明

學童直接擷取題意中的數字85、100、6、8進行判斷，認為圓形蛋糕的周長與高度皆小於正方體盒子底面的周長與高度，因此判定盒子可以裝得下。

41 剪紙造型

可可用三張邊長20公分的正方形圖紙，剪出甲、乙、丙三種不同的造型圖卡，如下圖：

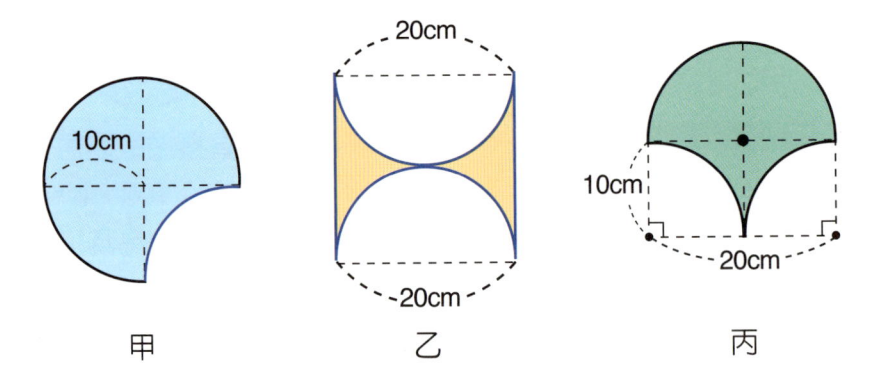

甲

乙

丙

可可說：「三種造型圖卡的周長都相同。」

你贊成可可的說法嗎？請寫出你的理由。

你贊成可可的說法嗎？

我的理由：

教授的留言板

　　學童對正方形、長方形等基本圖形的周長和面積，以及平行四邊形、三角形、梯形等平面圖形的面積，都已學習過；他們在認識圓周率後，就會學習圓周長或圓面積。學童接著從 $\frac{1}{2}$ 圓、$\frac{1}{4}$ 圓開始認識扇形，先瞭解扇形是圓的一部分，還有它的構成要素是頂點（圓心）、兩條邊（半徑）和圓弧。親師可利用圓弧和正方形、長方形等一起來設計平面圖形，讓學童求算這圖形的周長或斜線部分面積，例如：先畫一個正方形，再從四個邊的中點以邊長的一半為半徑畫圓弧，形成四片樹葉為斜線部分，求算斜線部分的面積。本題的設計是要比較三個包含圓弧的圖形，它們的周長是一樣長？還是不一樣長？

學童作答舉隅

正確例一

不贊成

我把丙的 $\frac{1}{4}$ 扇形弧長翻轉過來，就跟甲圖一樣了，周長相同。乙圖多了2條邊長

作答說明

學童察覺甲、丙兩圖在弧長上有相關性，將丙圖 $\frac{1}{4}$ 扇形的弧長翻轉後，圖形就與甲圖相同，周長也會相同；而乙圖則多出2條邊長，所以認為可可的說法是錯誤的。

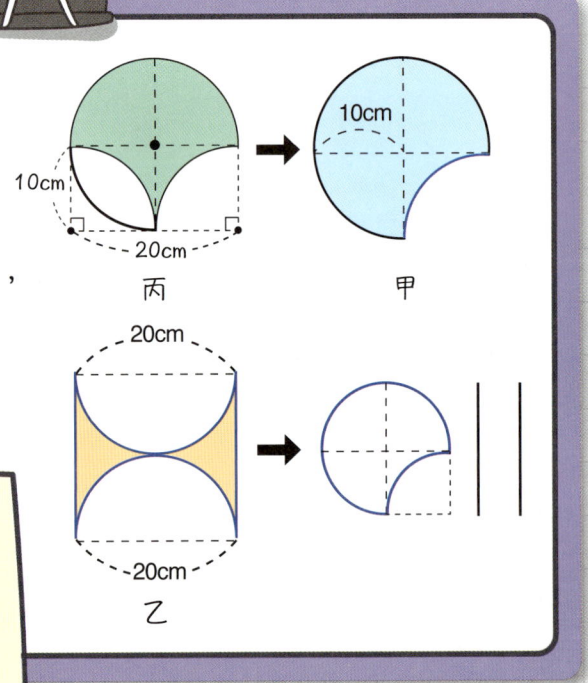

正確例二

不贊成

甲：$\frac{3}{4}$圓＋$\frac{1}{4}$扇形的弧長，合起來是1個圓的周長

丙：半圓＋2個$\frac{1}{4}$扇形的弧長，也是1個圓的周長

乙：2個半圓＋2條正方形邊長，多2條邊長

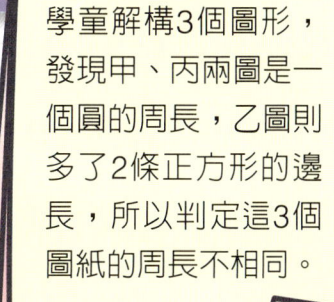

作答說明

學童解構3個圖形，發現甲、丙兩圖是一個圓的周長，乙圖則多了2條正方形的邊長，所以判定這3個圖紙的周長不相同。

作答說明

學童利用算式算出3個圖的周長，發現甲、丙的周長都是62.8公分，乙圖是102.8公分，所以只有甲、丙兩圖周長相同，可可的說法錯誤。

正確例三

不贊成

甲圖：$20 \times 3.14 \times \frac{3}{4} = 47.1$　　$20 \times 3.14 \times \frac{1}{4} = 15.7$　　　$47.1 + 15.7 = 62.8$

乙圖：$20 \times 3.14 \times \frac{1}{2} = 31.4$　　$31.4 \times 2 = 62.8$　　　　　　$62.8 + 40 = 102.8$

丙圖：$20 \times 3.14 \times \frac{1}{2} = 31.4$　　$20 \times 3.14 \times \frac{1}{4} \times 2 = 31.4$　　$31.4 \times 2 = 62.8$

部分正確

不贊成

甲和丙相同,合起來是一個圓的周長
乙周長不相同

作答說明

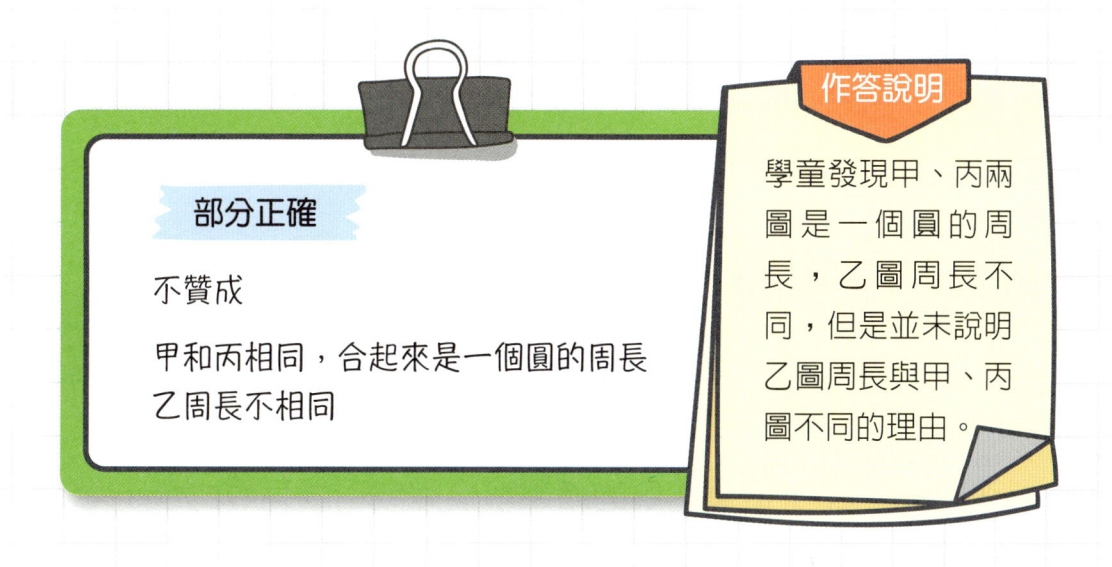

學童發現甲、丙兩圖是一個圓的周長,乙圖周長不同,但是並未說明乙圖周長與甲、丙圖不同的理由。

回答錯誤

贊成

3個圖形中都可以拼成一個圓,所以周長都會一樣

作答說明

學童雖然能從3個複合圖形中察覺都可以組成一個圓形,卻忽略了乙圖還有正方形的2條邊長,因此回答錯誤。

42 扇形比一比

數學課時，老師請小組測量大小不同的扇形半徑和角度，ㄚㄚ依據測量的結果填寫完成下面有關比值的表格：

圖形	(5cm, 72°)	(72°, 10cm)
扇形弧長：圓周長的比值	$\dfrac{1}{5}$	$\dfrac{2}{5}$
扇形面積：圓面積的比值	$\dfrac{1}{25}$	$\dfrac{1}{5}$

老師說：「ㄚㄚ這組的比值有2個錯誤喔！」

請找出錯誤的比值，並寫出你的想法。

請找出錯誤的比值：

我的想法：

教授的留言板

　　學童學過圓的相關概念，並在認識圓周率後，會求算圓周長和圓面積；接著學習扇形，它是圓的一部分，由頂點（圓心）、兩個邊長（半徑）和圓弧來組成。扇形面積的求算，開始是從幾分之一圓開始；在認識圓心角後，也可從圓心角和周角的比例來求算。學童需先看懂題意，掌握題目中重要訊息，瞭解這些數字代表的意義；他們習慣做例行性題目，可以不用思考，直接按熟悉的方法解題，而對這類需思考、推理的建構反應題，常有解題困難或錯誤的反應。本題的評量目標是在瞭解學童對圓周長、圓面積、扇形弧長、扇形周長、扇形面積的掌握，以及它們之間的關係，他們能否用這些觀念正確的完成解題？

主題四：圖形與空間

學童作答舉隅

正確例一

$72 : 360 = 1 : 5$

這2個扇形的圓心角相同，

所以都是 $\frac{1}{5}$ 圓，

大扇形弧長和圓周長比值是 $\frac{1}{5}$，

小扇形面積和圓面積的比值也是 $\frac{1}{5}$

圖形	（5cm, 72°）	（72°, 10cm）
扇形弧長：圓周長的比值	$\frac{1}{5}$	$\frac{2}{5}$
扇形面積：圓面積的比值	$\frac{1}{25}$	$\frac{1}{5}$

作答說明

學童從72度的圓心角與周角的關係，得知這2個扇形都是 $\frac{1}{5}$ 圓，所以即使半徑不同，扇形弧長與圓周長、扇形面積與圓面積的比值也相同都是 $\frac{1}{5}$。

正確例二

$\frac{1}{25}$ 和 $\frac{2}{5}$ 是錯的

圓心角 $\frac{72}{360} = \frac{1}{5}$

小圓面積：$\underline{5 \times 5 \times 3.14} = 78.5$

小扇形面積：$\underline{5 \times 5 \times 3.14} \times \boxed{\frac{1}{5}}$

大圓周長：$\underline{20 \times 3.14} = 62.8$

大扇形周長：$\underline{20 \times 3.14} \times \boxed{\frac{1}{5}}$

作答說明

學童知道扇形圓心角與圓周角的比值是 $\frac{1}{5}$，列出大圓周長與扇形弧長的算式、圓面積與扇形面積的算式，發現比值也是 $\frac{1}{5}$，由此推論小扇形面積與圓面積的比值也是 $\frac{1}{5}$，不是 $\frac{1}{25}$。

部分正確

$360 \div 72 = 5$
圓心角和周角是 1：5，
所以比值都相同

圖形	 （72°, 5cm 扇形）	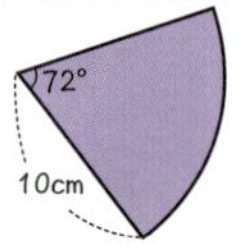 （72°, 10cm 扇形）
扇形弧長：圓周長的比值	$\frac{1}{5}$	$\frac{2}{5}$
扇形面積：圓面積的比值	$\frac{1}{25}$	$\frac{1}{5}$

作答說明

學童未將錯誤的比值 $\frac{1}{25}$ 圈出來，雖然知道周角與圓心角的關係，可以用 1：5 表示；但是對扇形弧長與圓周長、扇形面積與圓面積比的關係，僅以比值都相同陳述，說明理由不完整。

回答錯誤

小圓周長 5×2×3.14＝31.4
小扇形周長 (31.4÷5)＋10＝16.28
31大約是16的2倍，所以周長比是1：2
大圓周長 10×2×3.14＝62.8
大扇形周長 (62.8÷5)＋20＝32.56
62.8≈63　32.56≈33　63大約是33的2倍，
所以周長的比是1：2

圖形	（小扇形 5cm, 72°）	（大扇形 72°, 10cm）
扇形弧長：圓周長的比值	$\frac{1}{5}$	$\frac{2}{5}$
扇形面積：圓面積的比值	$\frac{1}{25}$	$\frac{1}{5}$

作答說明

學童誤將扇形弧長看成扇形周長，將運算結果取概數進行比較，發現大小扇形和圓周長的比是1：2，比值都是$\frac{1}{2}$。

43 買一送一划算嗎

金賀甲披薩店歡祝周年慶，推出披薩特價活動（如下圖），小松收到宣傳單後和弟弟討論購買的尺寸：

特價300元 ~~（原價399元）~~
大披薩18吋（直徑46公分）

買一送一
300元／一個
中披薩12吋（直徑30公分）

弟弟說：「2個中披薩24吋比18吋大，買中披薩比較划算。」

你贊成弟弟的說法嗎？請說明你的理由。

你贊成弟弟的說法嗎？

我的理由：

教授的留言板

　　學童學過半徑、直徑、周長、圓面積等概念，親師可用這些概念設計很多相關的問題，讓他們熟悉彼此之間的關係；很多例行性的問題是提供半徑或直徑，讓他們求算圓周或圓面積。生活中有很多的食品都是用直徑表示，例如：12吋披薩、6吋蛋糕、……，一般12吋是大披薩、6吋是小披薩，它們的大小關係會是2比1嗎？學童是以直觀解題，還是透過圖示來探討，還是用數學概念來思考，這是親師可以進一步瞭解學童解題思維的機會。學童的數學教材只有公制單位，生活中常出現的單位「吋」並未教學；本題雖出現「吋」，但有告知對應的「公分」，評量目標是在瞭解學童是怎麼比較只知直徑的兩個披薩？

學童作答舉隅

正確例一

不贊成

23×23×3＝1587
15×15×2×3＝1350
1587＞1350

作答說明

學童知道比較披薩的大小是以面積為依據，以直徑46公分和30公分進行計算，且將圓周率取整數3倍估算，發現大披薩較划算。

正確例二

不贊成

23×23　　23÷15≈1.5　1.5×1.5＝ 2.25
15×15× 2 　2.25倍＞2倍

作答說明

學童從2個披薩半徑的倍數關係進行比較，18吋披薩的半徑約是12吋披薩的1.5倍，面積就是2.25倍，比買2個12吋大。

部分正確

不贊成

23 × 23 × 3.14 = 529
15 × 15 × 3.14 = 225

作答說明

學童列出2個披薩面積的算式，且知道都有圓周率，因此計算時可以忽略乘以3.14倍，但計算過程疏漏中披薩是2個，因此計算答案錯誤。

回答錯誤一

贊成

18 × 3.14 = 56.52
12 + 12 = 24
24 × 3.14 = 75.36
75.36 > 56.52

作答說明

學童將披薩的面積當作周長計算，直接將直徑的18吋和24吋乘以圓周率，認為買一送一較划算。

回答錯誤二

贊成

12 + 12 = 24
24比18大，
同樣的價錢，買一送一比較便宜

作答說明

學童以直徑做比較，認為在相同的價錢下，中披薩買一送一是24吋，比一個18吋還大，所以比較划算。

44 積木的體積

小花從積木盒中拿出2個長度都是15公分的積木（如圖甲、乙），甲積木的底面是邊長10公分的正方形，乙積木的底面直徑也是10公分。

小花說：「這2個積木的體積一樣大。」
你贊成小花的說法嗎？請說明你的理由。

你贊成小花的說法嗎？

我的理由：

教授的留言板

　　學童學過正方體、長方體的體積和表面積，接著會認識柱體和錐體；此時，長方體的體積公式將從「體積＝長×寬×高」，轉成新的求算觀點，他們有此經驗才能求算三角柱、圓柱、梯形柱、……的體積。親師在引導學童探討長方體（四角柱的一種）體積，最重要的概念轉換要以高度1公分長方體為核心，讓學童察覺體積和底面積的關聯，例如：長方體體積＝3×4×1＝12（立方公分）、底面積＝3×4＝12（平方公分）。學童若有充分的1立方公分堆疊體積的經驗，就可以知道高5公分長方體的體積＝3×4×5＝（3×4）×5＝60（立方公分），可以想成用高度1公分長方體堆了5層，所以可用底面積乘以高的新觀點來求解。本題評量目標就在瞭解學童對柱體的體積概念，他們能否以靈活的想法來解題？

主題四：圖形與空間

學童作答舉隅

正確例一

不贊成

2個積木的高度一樣，
比較底面積就知道了
圓的直徑和正方形邊長一樣，
所以正方形的面積比較大

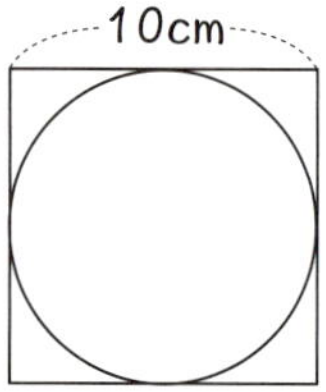

10cm

作答說明

學童知道柱體的體積是底面積與高的乘積，積木的長度相同，表示高等長，因此比較底面積就可判斷體積的大小，用圖示說明2個底面的關係，判斷四角柱的體積較大。

正確例二

不贊成

柱體體積＝底面積×柱高
$10 \times 10 \times 15$
$5 \times 5 \times 3.14 \times 15$
10是5的2倍，面積是4倍，4倍＞3.14倍

作答說明

學童知道柱體體積的公式，列出2個體積的算式比較，發現甲體積的邊長是圓柱半徑的2倍，面積是4倍關係，而圓周率是3.14倍，因此判斷4倍大於3.14倍。

部分正確

不贊成

柱體體積＝底面積×柱高
10×10×15＝1500
10×10×3.14×15＝4710

作答說明

學童知道柱體體積公式，並用算式精算出答案，但是在計算圓面積時誤將直徑視為半徑，而造成答案錯誤，雖然能正確回答不贊成，但是理由不完整。

回答錯誤

贊成

因為長度一樣，邊長也一樣，所以體積也會一樣
10×10×15＝1500
10×10×15＝1500

作答說明

學童從題目的訊息中，得知長度一樣、邊長與直徑也一樣，計算圓面積時忽略了乘以圓周率，誤以為2個體積的答案都相同，因此贊成小花的說法。

45 底面積的大小

數學課時，老師拿出2個體積相同的泡棉積木（如甲圖和乙圖），請全班同學算算看哪一個積木的底面積比較大？

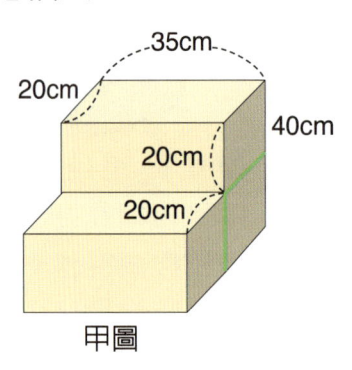

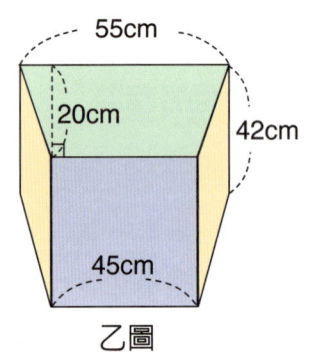

甲圖：35cm、20cm、40cm、20cm、20cm

乙圖：55cm、20cm、42cm、45cm

佳佳說：「我不用算就知道甲積木的底面積比較大。」

你同意佳佳的說法嗎？請寫出你的想法。

你同意佳佳的說法嗎？

我的想法：

教授的留言板

　　學童認識三角柱、四角柱、五角柱、……的柱體構成要素有底面數和形狀、側面數和形狀、邊數、頂點數等；而它們的體積或表面積求算，會受限於底面能否求算面積而定？通常他們尚不會求算的底面，例如：任意四邊形、五角形、……。學童學習簡單複合形體的體積、表面積求算，除了可用切割、填補、重組為長方體再進行求算外，也可利用柱體的概念來求算。親師可協助學童看到有些簡單複合形體和柱體的關聯，並引導學童靈活運用學過的概念來解題；本題的設計有一簡單複合形體、有一柱體，他們必須能將簡單複合形體看成柱體，才能解決題目中的問題。

學童作答舉隅

正確例一

同意

柱體體積＝底面積×柱高
底面積×35＝底面積×42
甲積木的高比較小，底面積就大

作答說明

學童知道柱體的體積公式，且能辨識2個柱體的高與底面，當2個柱體體積相同時，能從2個形體高的數值判斷底面積的大小，理解A×B＝C×D，當B＜D時，則A＞C的意義。

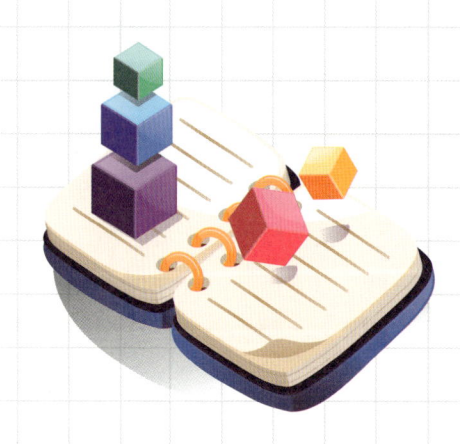

正確例二

```
         60              55
   20 ▭▭▭         20 ⟋▱⟍
        甲                乙
```

同意

把甲、乙積木的底面看成長方形，寬都是20公分
甲長60公分，乙是55公分
甲底面積較大

作答說明

學童能辨認2個柱體的底面，發現甲、乙積木的底面都可拼成長方形，而長方形的寬邊都是20公分，只要比較長邊就知道甲的底面積較大。

部分正確

不同意

$40 \times 40 - 20 \times 20 = 1200$

$45 \times 20 + 10 \times 20 = 1100$

乙底面積較大

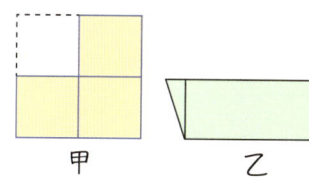

```
   ▢▢      ⟋▱⟍
    甲         乙
```

作答說明

學童能辨認2個柱體的底面，並用切割填補的方式算出底面積，但是將2個積木數值混淆，因此誤答乙積木的底面積較大。

251

主題四：圖形與空間

回答錯誤一

不同意

$40 \times 40 - 20 \times 20 = 1200$

$(45 + 55) \times 20 = 2000$

$2000 > 1200$

乙比較大

作答說明

學童能掌握2個柱體底面的數值進行計算，但是忽略乙積木的底面是梯形，求算面積時需除以二，因此得到錯誤的答案是2000平方公分，因此判定乙的底面積較大。

回答錯誤二

不同意

35×20=700　　700+700=1400
55×20=1100　　45×42=1890
1100+1890=2990
2990>1890
乙比較大

作答說明

學童無法辨認柱體的底面與高，錯將甲積木的2個長方形視為底面，也誤認乙的底面是正方形和梯形合起來的結果，因此計算錯誤。

主題四：圖形與空間

46 貼色紙

哥哥用科技海綿切割了一個三角柱（如甲圖），他想要把三角柱的每個面都描在色紙上，再剪下來貼在三角柱上當裝飾，家裡剛好有二張長、寬不同的色紙（如圖一和圖二）。

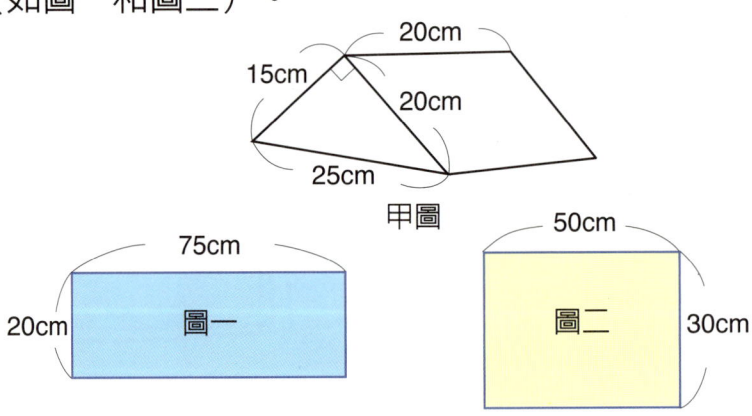

甲圖：20cm、15cm、20cm、25cm

圖一：75cm × 20cm

圖二：50cm × 30cm

哥哥應該選哪一張色紙呢？請說明你的想法。

哥哥應該選哪一張色紙呢？

我的想法：

教授的留言板

　　學童學習直角三角形柱的體積和表面積求算，通常會和長方體做關聯；可將兩個直角三角形柱拼成長方體，也可將長方體切割成兩個直角三角形柱，讓他們觀察這兩個直角三角形柱、長方體，它們的體積一樣，但表面積不一樣。學童對三角柱的體積和表面積求算，需要有底面三角形的底和高，以及柱高；還有三個側面面積，需要知道底面三角形的三個邊長或周長。有關柱體的表面積問題，常常會和生活中包裝用紙產生關聯；生活中的包裝用紙會有重疊部分，而數學上的包裝用紙可不考慮重疊部分。本題的設計就是以數學觀點來討論包裝紙，瞭解學童對三角形柱的表面積概念，如何用來探討包裝紙的大小？

主題四：圖形與空間

學童作答舉隅

正確例一

圖一

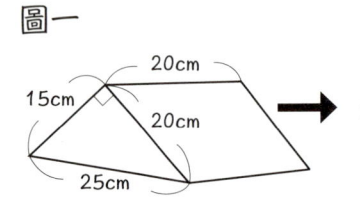

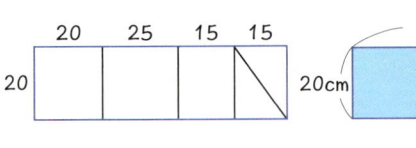

圖二色紙寬50公分，描不下全部的側面

作答說明

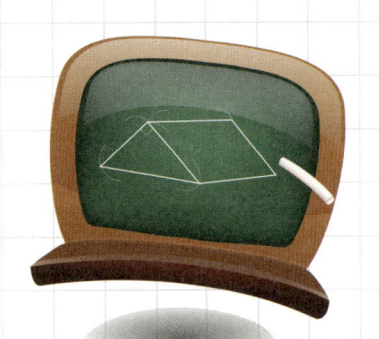

學童能掌握三角柱底面與側面的形狀，分解三角柱的5個面，知道底面是2個直角三角形，再將側面看成一個長60公分、寬20公分的大長方形，用圖示呈現每個面描在色紙上的樣貌，符合長、寬的色紙是圖一，並且說明圖二的色紙寬50公分，無法將側面全部描下。

正確例二

圖一

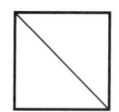

底面：15×20＝300
側面：20×20＋25×20＋15×20＝1200
1200＋300＝1500
20＋15＋25＝60　　60＞50

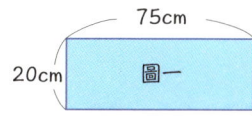

圖一：75cm × 20cm
圖二：50cm × 30cm

作答說明

學童算出側面的3個長方形面積，再將2個三角形底面合併成一個長方形，算出全部的面積是1500平方公分，雖然二張色紙的面積都是1500平方公分，但考量三角柱側面的總長度須大於60公分，因此選擇圖一。

部分正確

二張都可以

三角柱面積

側面：20×20＋25×20＋15×20＝1200

底面：15×20÷2×2＝300

1200＋300＝1500

圖一面積：75×20＝1500

圖二面積：50×30＝1500

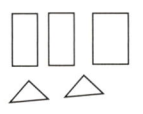

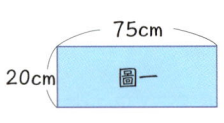

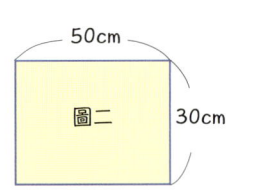

作答說明

學童能掌握三角柱每個面的形狀並畫圖表示，接著算出全部的面積，並與二張色紙的面積作比較，發現面積都相同，因此誤判二張都可以，忽略了圖二色紙的長度不足。

回答錯誤一

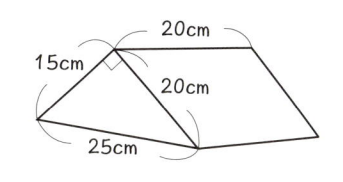

二張都可以

三角柱面積：
20×20=400　15×20÷2=150　400+150=550

色紙面積
75×20=1500（圖一）
50×30=1500（圖二）
1500>550

作答說明

學童只將三角柱看到的三角形和長方形面積算出來，面積是550平方公分，小於二張色紙的面積1500平方公分，因此認為二張色紙皆可以選擇。

回答錯誤二

二張都不可以

15×20÷2×20=3000

作答說明

學童混淆面積與體積，誤將三角柱的面積算成體積，所以認為二張色紙都不能選擇。

memo

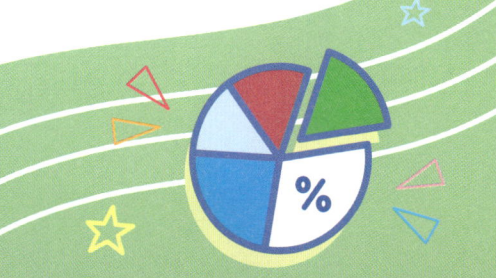

主題五
資料與不確定性

47 伙食費相同

阿光每個月的薪水是5萬元，小風的薪水是6萬元，他們把一個月薪水的各項支出繪製成2個圓形圖如下：

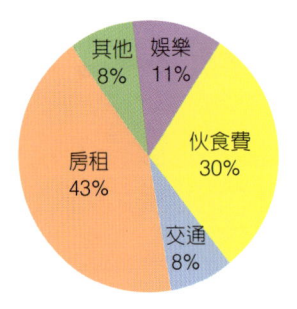

阿光薪水各項支出圓形圖
- 其他 8%
- 娛樂 11%
- 伙食費 30%
- 交通 8%
- 房租 43%

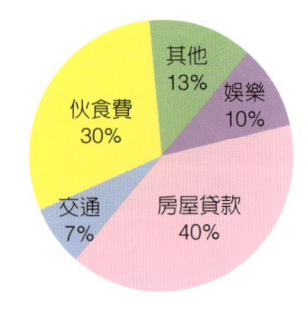

小風薪水各項支出圓形圖
- 其他 13%
- 娛樂 10%
- 伙食費 30%
- 交通 7%
- 房屋貸款 40%

阿光說：「我們花在伙食的費用是一樣的。」
你覺得阿光的說法正確嗎？請說明你的想法。

你覺得阿光的說法正確嗎？

我的想法：

教授的留言板

　　學童學過長條圖、折線圖的報讀和製作後，接著會學習圓形圖，當然也會有報讀和製作；圓形圖的教學會分成兩階段，首先是配合百分率進行圓形百分圖的教學，接著是配合圓心角進行圓形圖的教學。圓形百分圖、圓形圖的部分量表徵，都是以扇形呈現，部分量合起來的總量是1；它們的特徵是同時呈現部分量和整體量，並看到部分量和整體量的關係。通常，圓形百分圖會在圓周上標出100等分的刻度，學童根據各項目部分量的百分率來表示扇形即可；圓形圖是根據圓心角的多少來呈現，它的各項目部分量也可以百分率表徵。本題是在評量學童對圓形圖概念的掌握，他們能否確實瞭解圓形圖所代表的意義？

學童作答舉隅

正確例一

不正確

雖然伙食費都是占30%，但是小風的薪水6萬元，花的錢比較多

作答說明

雖然伙食費的百分率都是30%，但是學童從整體量的5萬元與6萬元做判斷，小風的伙食費較高。

正確例二

不正確

30%大約是$\frac{1}{3}$，6萬元的$\frac{1}{3}$是2萬元，5萬元的$\frac{1}{3}$不到2萬元

作答說明

學童將30%視為$\frac{1}{3}$，利用估算的方式算出伙食費的金額，再進行比較。

正確例三

不正確

50000×30％＝15000
60000×30％＝18000
18000＞15000

作答說明

學童用算式算出2人的伙食費，分別為15000元和18000元，判斷阿光的說法不正確。

部分正確

不正確

不一定，要看誰的錢多

作答說明

學童雖然回答正確，但是說明的理由「要看誰的錢多」無法清楚得知是描述整體量的薪水，還是部分量的百分率，說明理由不完整。

回答錯誤

正確

2人的伙食費都是30％，所以花的錢一樣多

作答說明

學童從2個圓形圖所占的百分率皆為30％做判斷，認為數據相同，所花的費用也會相同，忽略了圓形圖背後的整體量。

48 我愛運動

大尚國小六年級人數共有300人，小虹依據六年級學生喜歡的運動項目比率完成了圓形圖如下：

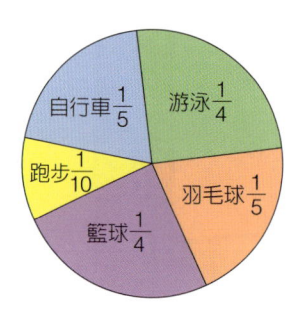

大尚國小六年級喜歡的運動項目圓形圖

小虹說：「喜歡打羽毛球和騎自行車的人數共有150人。」

你同意小虹的說法嗎？請說明你的理由。

你同意<mark>小虹</mark>的說法嗎？

我的理由：

教授的留言板

　　學童學習長條圖、折線圖、圓形圖都是從統計表開始，他們要能根據統計表的資料，按照資料的特性，來製作統計圖，它提供了視覺上的表徵，讓他們能直觀地看出長條圖的數量多寡、折線圖的數量變化、圓形圖的部分量和整體量關係。親師會設計統計表的數量、統計圖的表徵，這兩者之間的對應問題，例如：從長條圖訊息算出統計表中各項目的數量、從長條圖訊息推算出統計表中的總數量、……。學童從圓形圖的百分率、比率等，能從整體量推算出各項目的人數，也可從其中的部分量推算其他的部分量或整體量。本題就在評量學童的圓形圖概念，他們能否正確的判斷題目中的問題？

主題五：資料與不確定性

學童作答舉隅

正確例一

不同意

150人是一半，羽毛球和自行車都是 $\frac{1}{5}$ 圓，合起來 $\frac{2}{5}$ 圓，不到一半，所以不是150人。

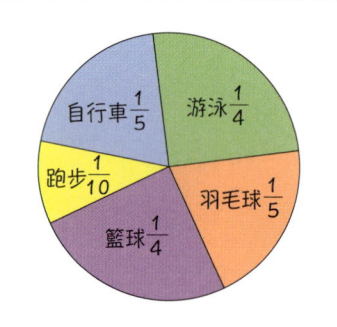

圓餅圖：自行車 $\frac{1}{5}$、游泳 $\frac{1}{4}$、跑步 $\frac{1}{10}$、羽毛球 $\frac{1}{5}$、籃球 $\frac{1}{4}$

作答說明

學童以一半作為參考依據，發現喜歡羽毛球和自行車的比率都是 $\frac{1}{5}$，合起來不是 $\frac{1}{2}$，所以人數不是150人。

正確例二

不同意

游泳＋籃球是 $\frac{1}{2}$，合起來人數是150人

自行車＋羽毛球＋跑步才是 $\frac{1}{2}$

自行車和羽毛球的人數比 $\frac{1}{2}$ 少，所以不是150人。

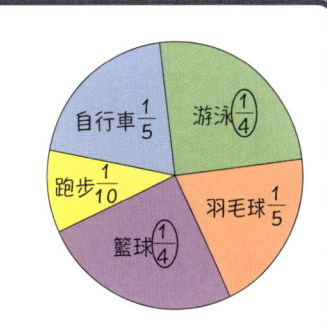

圓餅圖：自行車 $\frac{1}{5}$、游泳 $\frac{1}{4}$、跑步 $\frac{1}{10}$、羽毛球 $\frac{1}{5}$、籃球 $\frac{1}{4}$

作答說明

學童發現喜歡籃球和游泳的比率合起來是 $\frac{1}{2}$，人數是150人；而另外的 $\frac{1}{2}$ 則是由自行車、羽毛球和跑步三項合起來，因此判斷自行車和羽毛球合起來人數不是150人。

正確例三

不同意

$\frac{1}{5} + \frac{1}{5} = \frac{2}{5}$

$300 \times \frac{2}{5} = 120$

作答說明

學童知道自行車和羽毛球合起來的比率是 $\frac{2}{5}$，再算出人數是120人，而非150人。

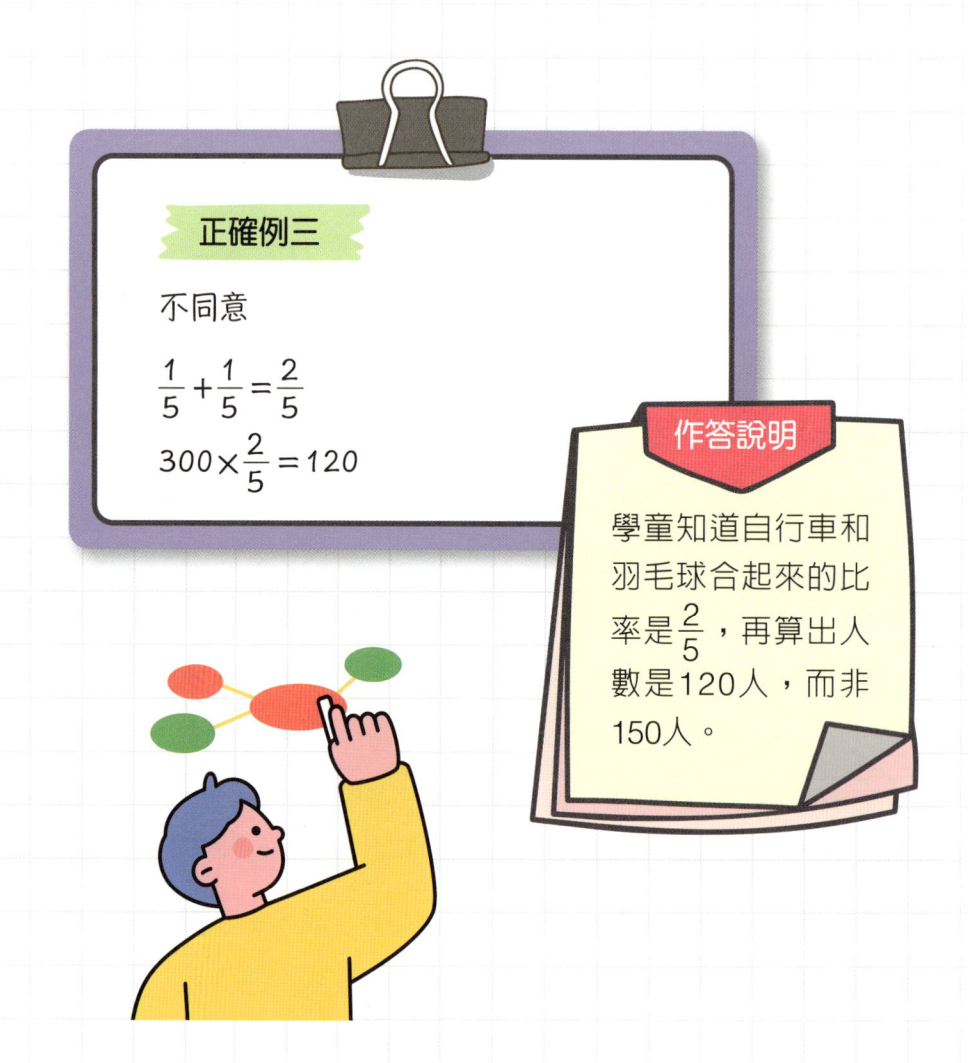

回答錯誤

同意

$300 \div 10 = 30$

$30 \times 5 = 150$

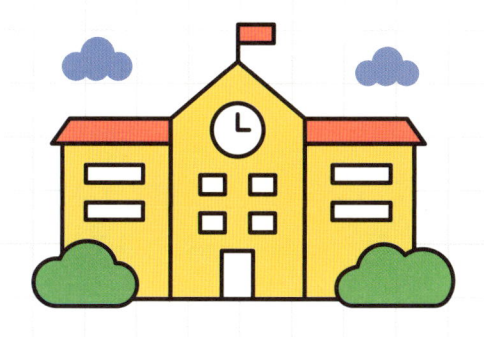

作答說明

學童擷取題目中的數字做運算，誤將總人數分成10等分，再算出 $\frac{1}{5}$ 是取5份，所以人數是150人。

主題五：資料與不確定性

49 抽獎活動

光明國小舉辦畢業晚會抽獎活動，學校公布的獎項及數量統計如下表：

獎項	特獎	頭獎	二獎	開心獎
數量	2	8	16	174

東東說：「我第一個抽獎，和開心獎相比，我很有可能抽到二獎。」

東東的說法對嗎？請說明你的理由。

東東的說法對嗎？

我的理由：

教授的留言板

學童在國小階段，以前的教材有實驗機率，例如：硬幣會公正的出現正、反兩面，讓每組拋擲20次，記錄各組的正、反次數，再將六組的正、反次數加起來，甚而每組可拋擲100次、1000次、……，次數越多越好，觀察各記錄中出現正、反兩面的次數都接近$\frac{1}{2}$；他們還要理解每投擲2次不是1正、1反，投擲10次也不一定會是5正、5反，機率只是事件發生前的探討，事件發生後就是確定狀態，例如：公正硬幣拋擲20次，某次結果是15正、5反，某次結果是8正、12反。現在的課程沒有實驗機率，學童要到國中和古典機率一起學習；教材增加了可能性的探討，它是對部分數量、整體數量之間的關係描述，提供了他們機率前置概念的學習。

學童作答舉隅

正確例一

不對

全部的獎品是200個，開心獎174個快要接近200個，抽到的機會比較大。
二獎16個和200個差比較多，抽到的機會比開心獎還少。
很有可能抽到的是開心獎，而非二獎。

作答說明

學童分別將開心獎及二獎與全部的獎項數量作比較，174個與整體200個相比，抽到的機會較大，很有可能抽到開心獎，而非二獎。

正確例二

不對

174－16＝158
開心獎比二獎多出158個，
很有可能抽到開心獎。

作答說明

學童從開心獎與二獎的數量差來判斷，2個獎項差158個，很有可能抽到的是開心獎。

部分正確

不對

雖然每個獎項都有機會抽到，但是抽到開心獎比二獎高。

作答說明

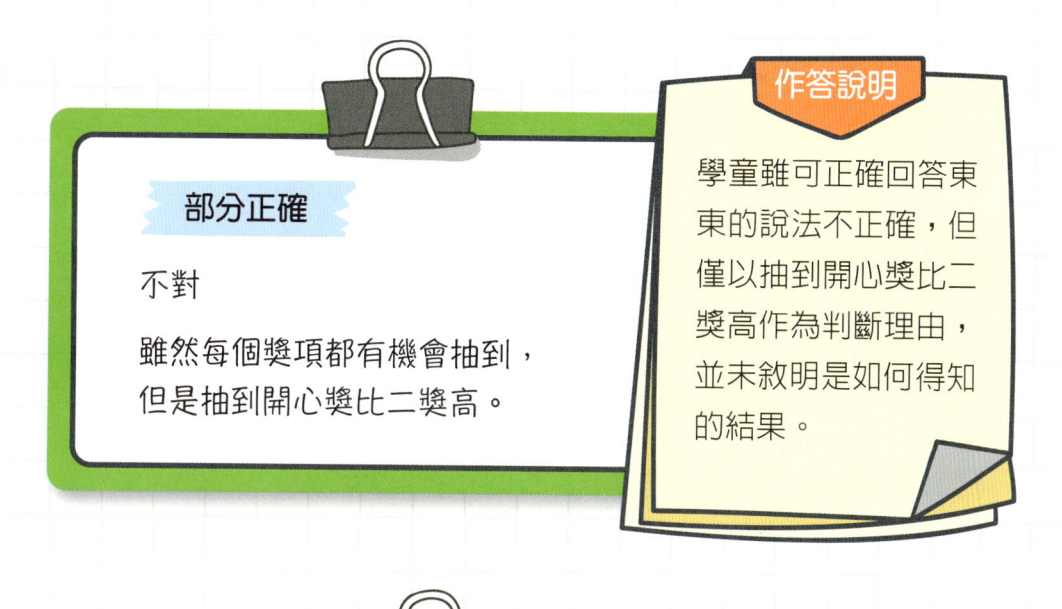

學童雖可正確回答東東的說法不正確，但僅以抽到開心獎比二獎高作為判斷理由，並未敘明是如何得知的結果。

回答錯誤

對

因為他第一個抽獎，所以每個獎都很有可能。

作答說明

學童認為東東是第一個抽獎，抽到每一個獎項的可能性都高，忽略題目的問題是二獎與開心獎之間可能性的比較。

50 轉轉樂

六年甲班在園遊會的攤位上擺了一個轉盤（如下圖），轉盤的顏色代表可以領取不同的獎品。

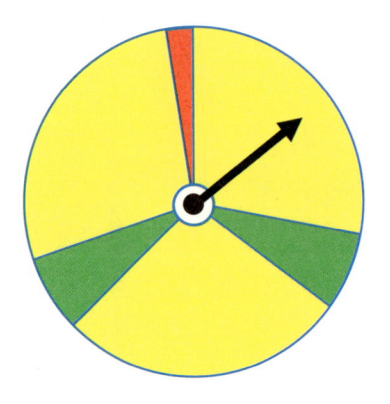

美美說：「我一定不能轉到紅色的獎品。」
小華說：「和綠色相比，我很有可能轉到黃色。」
你覺得誰的說法正確？請說明你的想法。

你覺得誰的說法正確？

我的想法：

教授的留言板

　　學童從部分量、整體量之間的關係，可以很直觀地對事件發生的可能性做判斷，例如：袋中有10顆大小、材質一樣的球，當袋中都是紅球時一定可能抽到紅球；當袋中有8顆紅球、2顆黑球時很有可能抽到紅球、很不可能抽到黑球；當袋中都是黑球時，一定不可能抽到紅球。親師可引導學童瞭解可能性是看部分量、整體量之間的對應關係，例如：在8顆紅球和2顆黑球的袋中抽到紅球比黑球可能性大，在8顆紅球和20顆黑球的袋中抽到黑球比紅球可能性大。十二年國教數學課綱強調的可能性有三種：很有可能、很不可能、A比B可能，教材通常會增加：一定可能、一定不可能。本題是從扇形面積的大小，以及它們和圓面積的關係，來瞭解學童對可能性概念的掌握。

主題五：資料與不確定性

學童作答舉隅

正確例一

小華

紅色是全部轉盤中最小的區塊，
抽到的可能性很小，但不是一定不能。
黃色的區塊是全部中最大，
綠色的區塊比黃色小很多，
所以很有可能抽到黃色。

作答說明

學童直觀從轉盤上黃色和綠色所占的區域大小進行比較，判斷比較有可能轉到黃色；紅色所占的區域是全部中最小的，抽中的可能性最低，而不是一定不能，因此判斷美美的說法不正確。

正確例二

小華

黃色占了轉盤全部面積的 $\frac{3}{4}$ 還多，
綠色和紅色加起來不到全部面積的 $\frac{1}{4}$，
紅色的面積雖然小，還是有機會轉到，
不是一定不能。

作答說明

學童將轉盤上各顏色重新配置後，再比較所占的面積大小，觀察黃色所占的面積最大，和綠色相比很有可能轉到黃色，判斷小華的說法符合。

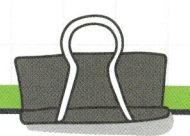

部分正確

美美

一定不能是沒有機會，
紅色的區域最小很難抽中，
但還是有機會的。
黃色在全部的區域中是最大的，
比綠色大很多，
黃色很有可能抽中。

作答說明

學童從顏色的區域大小作判斷，說理清楚，但是回答時卻誤植美美的說法是正確的。

回答錯誤

2人都對

因為3個顏色都有可能被轉到，所以都對。

作答說明

學童直觀的認為所有的顏色都有可能轉到，並非從區域面積的大小判斷2人的說法是否合理，而且在判讀時忽略了美美一定不能的說法。

附錄一 「整數與概數」各題之評量目標與對應各版本單元內容

題目名稱	評量目標	對應學習內容	對應單元	備註
1. 老師說	理解質數和合數的意義。	N-6-1 20 以內的質數和質因數分解：小於 20 的質數與合數。2、3、5 的質因數判別法。以短除法做質因數的分解。	**翰林**六上 1 最大公因數與最小公倍數 1-1 質數與合數 **康軒**六上 1 最大公因數與最小公倍數 1-1 質數和合數 **南一**六上 1 最大公因數與最小公倍數 1-1 質數與合數	
2. 腳踏車的密碼鎖	能理解乘法的連乘積表示質因數的意義。	N-6-2 最大公因數與最小公倍數：質因數分解法與短除法。兩數互質。運用到分數的約分與通分。	**翰林**六上 1 最大公因數與最小公倍數 1-2 質因數分解 **康軒**六上 1 最大公因數與最小公倍數 1-2 質因數和質因數分解 **南一**六上 1 最大公因數與最小公倍數 1-3 質因數分解	
3. 相同口味的點心	解決生活中最大公因數的問題。	N-6-2 最大公因數與最小公倍數：質因數分解法與短除法。兩數互質。運用到分數的約分與通分。	**翰林**六上 1 最大公因數與最小公倍數 1-3 最大公因數 **康軒**六上 1 最大公因數與最小公倍數 1-3 最大公因數 **南一**六上 1 最大公因數與最小公倍數 1-5 用短除法求出最大公因數	

題目名稱	評量目標	對應學習內容	對應單元	備註
4. 祝福牆	解決生活中最小公倍數的問題。	N-6-2 最大公因數與最小公倍數：質因數分解法與短除法。兩數互質。運用到分數的約分與通分。	翰林六上 1 最大公因數與最小公倍數 1-5 應用與解題 康軒六上 1 最大公因數與最小公倍數 1-4 最小公倍數 南一六上 1 最大公因數與最小公倍數 1-6 用短除法求出最小公倍數	
5. QQ烏龍茶凍	利用相等的比解決生活中的問題。	N-6-6 比與比值：異類量的比與同類量的比之比值的意義。理解相等的比中牽涉到的兩種倍數關係（比例思考的基礎）。解決比的應用問題。	翰林六上 4 比與比值 4-1 比和相等的比 康軒六上 5 比與比值 5-2 相等的比 南一六上 5 比和比值 5-3 相等的比	
6. 國旗	在情境中認識最簡整數比。	N-6-6 比與比值：異類量的比與同類量的比之比值的意義。理解相等的比中牽涉到的兩種倍數關係（比例思考的基礎）。解決比的應用問題。	翰林六上 4 比與比值 4-2 最簡整數比 康軒六上 5 比與比值 5-2 相等的比 南一六上 5 比和比值 5-3 相等的比	

題目名稱	評量目標	對應學習內容	對應單元	備註
7. 刷油漆	在情境中認識比值的意義，並理解比值相等，比也會相等。	N-6-6 比與比值：異類量的比與同類量的比之比值的意義。理解相等的比中牽涉到的兩種倍數關係（比例思考的基礎）。解決比的應用問題。	**翰林**六上 4 比與比值 4-3 認識比值 **康軒**六上 5 比與比值 5-1 比與比值 **南一**六上 5 比和比值 5-2 比值	
8. 哪一個便宜	利用比和比值解決生活中的問題。	N-6-6 比與比值：異類量的比與同類量的比之比值的意義。理解相等的比中牽涉到的兩種倍數關係（比例思考的基礎）。解決比的應用問題。	**翰林**六上 4 比與比值 4-3 認識比值 **康軒**六上 5 比與比值 5-3 比的應用 **南一**六上 5 比和比值 5-4 比的應用	
9. 蛋白質含量	運用比和比值解決生活中相關的問題。	N-6-6 比與比值：異類量的比與同類量的比之比值的意義。理解相等的比中牽涉到的兩種倍數關係（比例思考的基礎）。解決比的應用問題。	**翰林**六上 4 比與比值 4-3 認識比值 **康軒**六上 5 比與比值 5-3 比的應用 **南一**六上 5 比和比值 5-4 比的應用	

題目名稱	評量目標	對應學習內容	對應單元	備註
10. 動物最速王	能利用單位換算，進行速度的比較。	N-6-7 解題：速度。比和比值的應用。速度的意義。能做單位換算（大單位到小單位）。含不同時間區段的平均速度。含「距離＝速度×時間」公式。用比例思考協助解題。	**翰林**六下 3 速率 3-3 秒速、分速、時速的換算 **康軒**六上 8 認識速率 8-3 速率單位的換算 **南一**六上 7 速率 7-3 速率單位的換算	
11. 攀登百岳	能理解距離、速率與時間的關係，並解決生活中的問題。	N-6-7 解題：速度。比和比值的應用。速度的意義。能做單位換算（大單位到小單位）。含不同時間區段的平均速度。含「距離＝速度×時間」公式。用比例思考協助解題。	**翰林**六下 3 速率 3-2 距離、速率與時間的關係 **康軒**六上 8 認識速率 8-2 距離、速率與時間的關係 **南一**六上 7 速率 7-4 速率的應用	
12. 體重的祕密	在情境中認識基準量與比較量的意義，並用幾倍描述兩量關係。	N-6-8 解題：基準量與比較量。比和比值的應用。含交換基準時之關係。	**翰林**六上 6 兩量關係與比 6-1 認識基準量與比較量 **康軒**六下 4 基準量與比較量 4-1 基準量與比較量 **南一**六下 3 基準量和比較量 3-1 基準量和比較量	

題目名稱	評量目標	對應學習內容	對應單元	備註
13. 拔河比賽人數	給定倍與兩量之和，求比較量與基準量的問題。	N-6-8 解題：基準量與比較量。比和比值的應用。含交換基準時之關係。	**翰林**六上 6 兩量關係與比 6-2 比較量未知問題 **康軒**六下 4 基準量與比較量 4-2 基準量與比較量的應用（兩量之和） **南一**六下 3 基準量和比較量 3-4 從兩量和或兩量差求基準量	
14. 火車座位	能察覺數字及位置排列的規律，並列出恰當的算式解題。	N-6-9 解題：由問題中的數量關係，列出恰當的算式解題（同R-6-4）。可包含(1)較複雜的模式（如座位排列模式）；(2)較複雜的計數：乘法原理、加法原理或其混合；(3)較複雜之情境：如年齡問題、流水問題、和差問題、雞兔問題。	**翰林**六上 3 規律問題 3-2 數形規則 **康軒**六上 3 數量關係 3-5 堆疊問題 **南一**六上 8 數量關係 8-3 規律性問題	

題目名稱	評量目標	對應學習內容	對應單元	備註
15. 分攤費用	已知兩量的和及差，求平均問題。	N-6-9 解題：由問題中的數量關係，列出恰當的算式解題（同R-6-4）。可包含(1)較複雜的模式（如座位排列模式）；(2)較複雜的計數：乘法原理、加法原理或其混合；(3)較複雜之情境：如年齡問題、流水問題、和差問題、雞兔問題。	**翰林**六上 9 怎樣解題 9-1 和差問題 **康軒**六下 5 怎樣解題 5-1 和差問題 **南一**六上 8 數量關係 8-4 和、差、積、商不變	
16. 滷肉飯	察覺數量關係，利用算式解決生活中的雞兔問題。	N-6-9 解題：由問題中的數量關係，列出恰當的算式解題（同R-6-4）。可包含(1)較複雜的模式（如座位排列模式）；(2)較複雜的計數：乘法原理、加法原理或其混合；(3)較複雜之情境：如年齡問題、流水問題、和差問題、雞兔問題。	**翰林**六上 9 怎樣解題 9-2 雞兔問題 **康軒**六下 5 怎樣解題 5-3 雞兔問題 **南一**六下 5 怎樣解題 5-4 雞兔問題	

附錄二　「分數與小數」各題之評量目標與對應各版本單元內容

題目名稱	評量目標	對應學習內容	對應單元	備註
17. 最簡分數不簡單	能透過給定最簡分數的部分訊息推論原分數。	N-6-3 分數的除法：整數除以分數、分數除以分數的意義。最後理解除以一數等於乘以其倒數之公式。	**翰林**六上 2 分數的除法 2-1 最簡分數 **康軒**六上 2 分數的除法 2-1 最簡分數 **南一**六上 2 分數的除法 2-1 最簡分數	
18. 檸檬紅茶裝幾桶	利用顛倒相乘解決整數除以帶分數的除法問題。	N-6-3 分數的除法：整數除以分數、分數除以分數的意義。最後理解除以一數等於乘以其倒數之公式。	**翰林**六上 2 分數的除法 2-3 異分母分數的除法 **康軒**六上 2 分數的除法 2-3 異分母分數的除法 **南一**六上 2 分數的除法 2-3 異分母分數的除法	
19. 分裝砂糖	能理解包含除情境中的餘數問題。	N-6-3 分數的除法：整數除以分數、分數除以分數的意義。最後理解除以一數等於乘以其倒數之公式。	**翰林**六上 2 分數的除法 2-3 異分母分數的除法 **康軒**六上 2 分數的除法 2-4 分數除法的應用 **南一**六上 2 分數的除法 2-4 分數除法的應用	

題目名稱	評量目標	對應學習內容	對應單元	備註
20.園遊會賣冬瓜茶	瞭解除數為分數時，被除數、除數與商的關係。	N-6-3 分數的除法：整數除以分數、分數除以分數的意義。最後理解除以一數等於乘以其倒數之公式。	翰林六上 2 分數的除法 2-4 被除數、除數與商 康軒六上 2 分數的除法 2-5 被除數、除數和商的關係 南一六上 2 分數的除法 2-5 被除數、除數和商的關係	
21.準備幾個袋子	解決生活中一位除以一位的小數除法問題。	N-6-4 小數的除法：整數除以小數、小數除以小數的意義。直式計算。教師用位值的概念說明直式計算的合理性。處理商一定比被除數小的錯誤類型。	翰林六上 5 小數的除法 5-1 除以一位小數 康軒六上 4 小數的除法 4-2 小數÷小數 南一六上 3 小數的除法 3-2 小數除以小數	
22.做奶酪	能用直式解決整數除以二位小數的除法問題，並判斷餘數的合理性。	N-6-4 小數的除法：整數除以小數、小數除以小數的意義。直式計算。教師用位值的概念說明直式計算的合理性。處理商一定比被除數小的錯誤類型。	翰林六上 5 小數的除法 5-2 除以二位小數 康軒六上 4 小數的除法 4-1 整數÷小數 南一六上 3 小數的除法 3-1 整數除以小數	

題目名稱	評量目標	對應學習內容	對應單元	備註
23.大雄哪裡錯了	熟練除數是小數的除法，並理解商取概數的方式。	N-6-4 小數的除法：整數除以小數、小數除以小數的意義。直式計算。教師用位值的概念說明直式計算的合理性。處理商一定比被除數小的錯誤類型。	**翰林**六上 5 小數的除法 5-3 除法與概數 **康軒**六上 4 小數的除法 4-3 小數除法的應用 **南一**六上 3 小數的除法 3-4 小數的概數和應用	
24.手機通話費用	理解四則運算規則，解決小數三步驟問題。	N-6-5 解題：整數、分數、小數的四則應用問題。二到三步驟的應用解題。含使用概數協助解題。	**翰林**六下 1 小數與分數的四則運算 1-1 小數四則運算 **康軒**六下 1 小數與分數的計算 1-1 小數四則運算 **南一**六下 1 四則混合運算 1-1 小數四則	

附錄三　「關係」各題之評量目標與對應各版本單元內容

題目名稱	評量目標	對應學習內容	對應單元	備註
25. 兩種品牌洗衣粉	解決生活中小數與分數的減乘問題。	R-6-1 數的計算規律：小學最後應認識 (1) 整數、小數、分數都是數，享有一樣的計算規律。(2) 整數乘除計算及規律，因分數運算更容易理解。(3) 逐漸體會乘法和除法的計算實為一體。	**翰林**六下 1 小數與分數的四則運算 1-3 小數與分數的混合運算 **康軒**六下 1 小數與分數的計算 1-3 小數與分數的混合運算 **南一**六下 1 四則混合運算 1-3 數的混合運算	
26. 換個方法算算看	理解連除時，能運用除以二數之積，先乘再除做簡化計算。	R-6-1 數的計算規律：小學最後應認識 (1) 整數、小數、分數都是數，享有一樣的計算規律。(2) 整數乘除計算及規律，因分數運算更容易理解。(3) 逐漸體會乘法和除法的計算實為一體。	**翰林**六下 1 小數與分數的四則運算 1-4 小數與分數的簡化計算 **康軒**六上 1 小數與分數的計算 1-4 簡化計算 **南一**六上 1 四則混合運算 1-4 數的簡化計算	
27. 豆漿和燕麥奶各幾瓶	察覺數量關係，以列表及畫圖解決雞兔問題。	R-6-2 數量關係：代數與函數的前置經驗。從具體情境或數量模式之活動出發，做觀察、推理、說明。	**翰林**六上 9 怎樣解題 9-2 雞兔問題 **康軒**六下 5 怎樣解題 5-3 雞兔問題 **南一**六下 5 怎樣解題 5-4 雞兔問題	

題目名稱	評量目標	對應學習內容	對應單元	備註
28. 聖誕布置	觀察圖形排列的規律，利用表格或算式，推論某個圖形的總量。	R-6-2 數量關係：代數與函數的前置經驗。從具體情境或數量模式之活動出發，做觀察、推理、說明。	**翰林**六上 3 規律問題 3-2 數形規則 **康軒**六上 3 數量關係 3-5 堆疊問題 **南一**六上 8 數量關係 8-3 規律性問題	
29. 藝術光廊	能以文字或符號列出數量的關係式。	R-6-3 數量關係的表示：代數與函數的前置經驗。將具體情境或模式中的數量關係，學習以文字或符號列出數量關係的關係式。	**翰林**六上 9 怎樣解題 9-1 和差問題 **康軒**六上 3 數量關係 3-1 和不變 **南一**六上 8 數量關係 8-4 和、差、積、商不變	
30. 年齡不是問題	察覺兩個年齡間的倍數關係，解決親子的年齡問題。	R-6-2 數量關係：代數與函數的前置經驗。從具體情境或數量模式之活動出發，做觀察、推理、說明。	**翰林**六下 5 怎樣解題 5-2 年齡問題 **康軒**六下 5 怎樣解題 5-2 年齡問題 **南一**六下 5 怎樣解題 5-3 年齡問題	

題目名稱	評量目標	對應學習內容	對應單元	備註
31. 平均存多少錢	能運用平均的概念，解決生活中的問題。	R-6-2 數量關係：代數與函數的前置經驗。從具體情境或數量模式之活動出發，做觀察、推理、說明。	**翰林**六下 5 怎樣解題 5-3 平均問題 **康軒**六下 5 怎樣解題 5-1 和差問題 **南一**六下 5 怎樣解題 5-2 平均問題	
32. 婚宴派對	理解位置排列的規律，並用算式求出第幾個數字的位置。	R-6-4 解題：由問題中的數量關係，列出恰當的算式解題（同 N-6-9）。可包含 (1) 較複雜的模式（如座位排列模式）；(2) 較複雜的計數：乘法原理、加法原理或其混合；(3) 較複雜之情境：如年齡問題、流水問題、和差問題、雞兔問題。	**翰林**六上 3 規律問題 3-2 數形規則 **康軒**六上 3 數量關係 3-5 堆疊問題 **南一**六上 8 數量關係 8-3 規律性問題	

附錄四 「圖形與空間」各題之評量目標與對應各版本單元內容

題目名稱	評量目標	對應學習內容	對應單元	備註
33. 正確放大了嗎	透過對應角相等、對應邊成比例辨認放大圖。	S-6-1 放大與縮小：比例思考的應用。「幾倍放大圖」、「幾倍縮小圖」。知道縮放時，對應角相等，對應邊成比例。	**翰林**六上 8 放大縮小與比例尺 8-1 認識放大圖和縮小圖 **康軒**六上 9 放大圖、縮圖與比例尺 9-1 放大圖和縮圖 **南一**六下 4 放大圖、縮圖與比例尺 4-1 放大圖和縮圖	
34. 迷你版高塔	認識比值形式的比例尺。	S-6-2 解題：地圖比例尺。地圖比例尺之意義、記號與應用。地圖上兩邊長的比和實際兩邊長的比相等。	**翰林**六上 8 放大縮小與比例尺 8-3 認識比例尺 **康軒**六上 9 放大圖、縮圖與比例尺 9-3 比例尺 **南一**六下 4 放大圖、縮圖與比例尺 4-3 比例尺	
35. 親子活動路線	認識圖示形式的比例尺，並藉由比例尺判斷地圖上的長度。	S-6-2 解題：地圖比例尺。地圖比例尺之意義、記號與應用。地圖上兩邊長的比和實際兩邊長的比相等。	**翰林**六上 8 放大縮小與比例尺 8-3 認識比例尺 **康軒**六上 9 放大圖、縮圖與比例尺 9-3 比例尺 **南一**六下 4 放大圖、縮圖與比例尺 4-3 比例尺	

題目名稱	評量目標	對應學習內容	對應單元	備註
36. 自行車環島	透過不同的比例尺圖示，判斷兩個圖的實際距離。	S-6-2 解題：地圖比例尺。地圖比例尺之意義、記號與應用。地圖上兩邊長的比和實際兩邊長的比相等。	**翰林**六上 8 放大縮小與比例尺 8-3 認識比例尺 **康軒**六上 9 放大圖、縮圖與比例尺 9-3 比例尺 **南一**六下 4 放大圖、縮圖與比例尺 4-3 比例尺	
37. 張爺爺的農地	能處理不同的比例尺下，兩張地圖之間的面積問題。	S-6-2 解題：地圖比例尺。地圖比例尺之意義、記號與應用。地圖上兩邊長的比和實際兩邊長的比相等。 備註：含處理兩張地圖之間的長度關係。處理以為「比例分母越大，對邊長也越大」的常見錯誤。	**翰林**六上 8 放大縮小與比例尺 8-3 認識比例尺 **康軒**六上 9 放大圖、縮圖與比例尺 9-3 比例尺 **南一**六下 4 放大圖、縮圖與比例尺 4-3 比例尺	
38. 量量看有關係唷	理解圓周率的意義。	S-6-3 圓周率、圓周長、圓面積、扇形面積：用分割說明圓面積公式。求扇形弧長與面積。知道以下三個比相等：(1) 圓心角：360；(2) 扇形弧長：圓周長；(3) 扇形面積：圓面積，但應用問題只處理用 (1) 求弧長或面積。	**翰林**六上 7 圓周長與扇形 7-1 圓周率 **康軒**六上 6 圓周長與扇形周長 6-1 認識圓周率 **南一**六上 4 圓周長和圓面積 4-1 認識圓周長和圓周率	

題目名稱	評量目標	對應學習內容	對應單元	備註
39. 滾鐵圈	理解直徑、圓周率與圓周長的關係。	S-6-3 圓周率、圓周長、圓面積、扇形面積：用分割說明圓面積公式。求扇形弧長與面積。知道以下三個比相等：(1)圓心角：360；(2)扇形弧長：圓周長；(3)扇形面積：圓面積，但應用問題只處理用(1)求弧長或面積。	**翰林**六上 7 圓周長與扇形 7-2 圓周長 **康軒**六上 6 圓周長與扇形周長 6-2 圓周長 **南一**六上 4 圓周長和圓面積 4-2 圓周率的應用	
40. 生日蛋糕	解決生活中圓周長的問題。	S-6-3 圓周率、圓周長、圓面積、扇形面積：用分割說明圓面積公式。求扇形弧長與面積。知道以下三個比相等：(1)圓心角：360；(2)扇形弧長：圓周長；(3)扇形面積：圓面積，但應用問題只處理用(1)求弧長或面積。	**翰林**六上 7 圓周長與扇形 7-4 圓周長與扇形弧長的應用 **康軒**六上 6 圓周長與扇形周長 6-2 圓周長 **南一**六上 4 圓周長和圓面積 4-2 圓周率的應用	
41. 剪紙造型	能察覺扇形與圓的關係，解決複合圖形的周長問題。	S-6-3 圓周率、圓周長、圓面積、扇形面積：用分割說明圓面積公式。求扇形弧長與面積。知道以下三個比相等：(1)圓心角：360；(2)扇形弧長：圓周長；(3)扇形面積：圓面積，但應用問題只處理用(1)求弧長或面積。	**翰林**六上 7 圓周長與扇形 7-4 圓周長與扇形弧長的應用 **康軒**六上 6 圓周長與扇形周長 6-3 扇形周長 **南一**六上 6 扇形的弧長和面積 6-2 扇形的弧長和面積	

題目名稱	評量目標	對應學習內容	對應單元	備註
42. 扇形比一比	理解圓心角與周角的比值相同時，扇形面積與圓面積的比值也相同。	S-6-3 圓周率、圓周長、圓面積、扇形面積：用分割說明圓面積公式。求扇形弧長與面積。知道以下三個比相等：(1)圓心角：360；(2)扇形弧長：圓周長；(3)扇形面積：圓面積，但應用問題只處理用(1)求弧長或面積。	**翰林**六下 2 圓面積與扇形面積 2-1 扇形面積 **康軒**六上 7 圓面積與扇形面積 7-2 扇形面積 **南一**六上 6 扇形的弧長和面積 6-1 圓心角、弧長和面積的關係	
43. 買一送一划算嗎	能利用圓面積公式，解決生活中相關的問題。	S-6-3 圓周率、圓周長、圓面積、扇形面積：用分割說明圓面積公式。求扇形弧長與面積。知道以下三個比相等：(1)圓心角：360；(2)扇形弧長：圓周長；(3)扇形面積：圓面積，但應用問題只處理用(1)求弧長或面積。	**翰林**六下 2 圓面積與扇形面積 2-1 圓面積 **康軒**六上 7 圓面積與扇形面積 7-1 圓面積 **南一**六上 4 圓周長與圓面積 4-3 圓面積	
44. 積木的體積	當高相同時能透過底面積的大小，比較兩個柱體的體積。	S-6-4 柱體體積與表面積：含角柱和圓柱。利用簡單柱體，理解「柱體體積＝底面積×高」的公式。簡單複合形體體積。	**翰林**六下 6 角柱與圓柱 6-1 角柱與圓柱的體積 **康軒**六下 3 柱體體積與表面積 3-1 柱體的體積 **南一**六下 2 柱體的體積和表面積 2-1 柱體的體積	

題目名稱	評量目標	對應學習內容	對應單元	備註
45. 底面積的大小	能辨認複合形體的底面與高，並進行底面積的大小比較。	S-6-4 柱體體積與表面積：含角柱和圓柱。利用簡單柱體，理解「柱體體積＝底面積×高」的公式。簡單複合形體體積。	**翰林**六下 6 角柱與圓柱 6-1 角柱與圓柱的體積 **康軒**六下 3 柱體體積與表面積 3-1 柱體的體積 **南一**六下 2 柱體的體積和表面積 2-1 柱體的體積	
46. 貼色紙	能辨識三角柱底面與側面，並計算三角柱的表面積。	S-6-4 柱體體積與表面積：含角柱和圓柱。利用簡單柱體，理解「柱體體積＝底面積×高」的公式。簡單複合形體體積。	**翰林**六下 6 角柱與圓柱 6-3 角柱與圓柱的表面積 **康軒**六下 3 柱體體積與表面積 3-3 柱體的表面積 **南一**六下 2 柱體的體積和表面積 2-3 柱體的表面積	

附錄五 「資料與不確定性」各題之評量目標與對應各版本單元內容

題目名稱	評量目標	對應學習內容	對應單元	備註
47. 伙食費相同	能理解圓形圖中部分量所占的百分率與整體量的關係。	D-6-1 圓形圖：報讀、說明與製作生活中的圓形圖。包含以百分率分配之圓形圖（製作時應提供學生已分成百格的圓形圖。）	**翰林**六下 4 統計圖表 4-1 報讀圓形圖 **康軒**六下 6 圓形圖 6-1 圓形百分圖 **南一**六下 6 圓形圖 6-1 報讀圓形圖	
48. 我愛運動	能透過圓形圖上的比率與總量，推算部分量。	D-6-1 圓形圖：報讀、說明與製作生活中的圓形圖。包含以百分率分配之圓形圖（製作時應提供學生已分成百格的圓形圖。）	**翰林**六下 4 統計圖表 4-1 報讀圓形圖 **康軒**六下 6 圓形圖 6-2 圓形圖 **南一**六下 6 圓形圖 6-1 報讀圓形圖	
49. 抽獎活動	能從統計表中進行 A 比 B 可能的判斷。	D-6-2 解題：可能性。從統計圖表資料，回答可能性問題。機率前置經驗。「很有可能」、「很不可能」、「A 比 B 可能」。 備 註：「A 比 B 可能」限兩者差異大的情況。僅從資料數量的多寡來回答。	**翰林**六下 4 統計圖表 4-3 可能性 **康軒**六下 6 圓形圖 6-4 認識可能性 **南一**六下 6 圓形圖 6-3 統計圖的應用	

題目名稱	評量目標	對應學習內容	對應單元	備註
50. 轉轉樂	能從統計圖中判斷可能性問題。	D-6-2 解題：可能性。從統計圖表資料，回答可能性問題。機率前置經驗。「很有可能」、「很不可能」、「A 比 B 可能」。備註：「A 比 B 可能」限兩者差異大的情況。僅從資料數量的多寡來回答。	**翰林**六下 4 統計圖表 4-3 可能性 **康軒**六下 6 圓形圖 6-4 認識可能性 **南一**六下 6 圓形圖 6-3 統計圖的應用	

國家圖書館出版品預行編目(CIP)資料

國小數學思考與推理. 六年級：50道生活化趣味化的建構反應題,強化小學生的數學素養及促進學習／鍾靜,胡錦芳合著.
-- 初版. -- 臺北市：五南圖書出版股份有限公司, 2025.04
面；　公分. -- (學習高手；255)
ISBN 978-626-423-143-5(平裝)

1.CST: 數學教育　2.CST: 教學設計　3.CST: 小學教學

523.32　　　　　　　　　　　　　　　114000305

學習高手系列255

YI4T

國小數學思考與推理【六年級】
50道生活化趣味化的建構反應題，強化小學生的數學素養及促進學習

專書總策劃 – 鍾靜
作　　　者 – 鍾靜、胡錦芳
編 輯 主 編 – 黃文瓊
責 任 編 輯 – 陳俐君、李敏華
文 字 校 對 – 陳俐君
封 面 設 計 – 封怡彤
出　版　者 – 五南圖書出版股份有限公司
發　行　人 – 楊榮川
總　經　理 – 楊士清
總　編　輯 – 楊秀麗
地　　　址：106 臺北市大安區和平東路二段 339 號 4 樓
電　　　話：(02) 2705-5066　　傳　　真：(02) 2706-6100
網　　　址：https://www.wunan.com.tw
電子郵件：wunan@wunan.com.tw
劃撥帳號：01068953
戶　　名：五南圖書出版股份有限公司
法律顧問　林勝安律師
出版日期　2025 年 4 月初版一刷
定　　價　新臺幣 420 元

※ 版權所有，欲利用本書內容，必須徵求本公司同意
※ 本書插畫圖片來源：shutterstock 網站

經典永恆・名著常在

五十週年的獻禮 —— 經典名著文庫

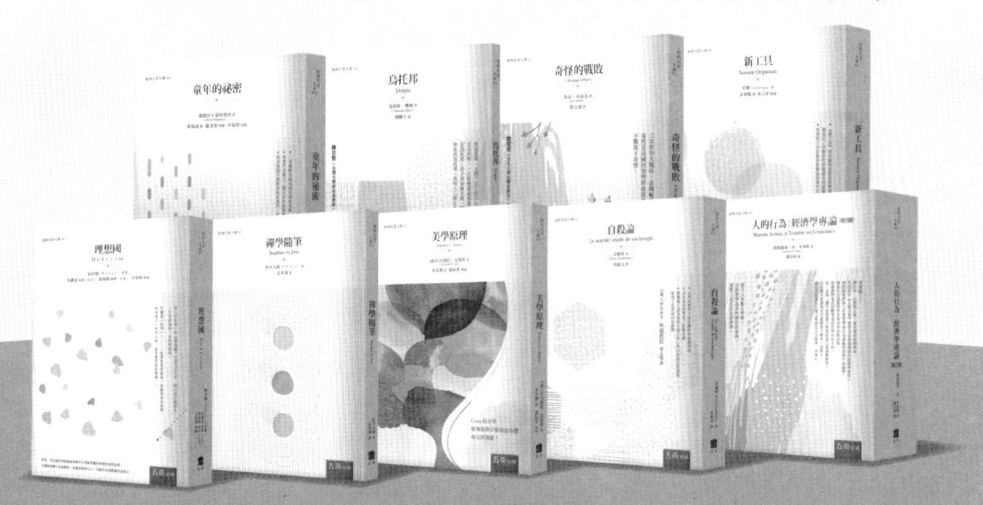

五南，五十年了，半個世紀，人生旅程的一大半，走過來了。
思索著，邁向百年的未來歷程，能為知識界、文化學術界作些什麼？
在速食文化的生態下，有什麼值得讓人雋永品味的？

歷代經典・當今名著，經過時間的洗禮，千錘百鍊，流傳至今，光芒耀人；
不僅使我們能領悟前人的智慧，同時也增深加廣我們思考的深度與視野。
我們決心投入巨資，有計畫的系統梳選，成立「經典名著文庫」，
希望收入古今中外思想性的、充滿睿智與獨見的經典、名著。
這是一項理想性的、永續性的巨大出版工程。
不在意讀者的眾寡，只考慮它的學術價值，力求完整展現先哲思想的軌跡；
為知識界開啟一片智慧之窗，營造一座百花綻放的世界文明公園，
任君遨遊、取菁吸蜜、嘉惠學子！